梦山书系

做一个优秀的家长

魏书生与陶继新的家教智慧

魏书生　陶继新　著

海峡出版发行集团 | 福建教育出版社

图书在版编目（CIP）数据

做一个优秀的家长：魏书生与陶继新的家教智慧／魏书生，陶继新著．—福州：福建教育出版社，2015.10（2022.6重印）
 ISBN 978-7-5334-6950-4

Ⅰ．①做…　Ⅱ．①魏…　②陶…　Ⅲ．①家庭教育　Ⅳ．①G78

中国版本图书馆CIP数据核字（2015）第194707号

Zuo Yi Ge Youxiu De Jiazhang

做一个优秀的家长
——魏书生与陶继新的家教智慧

魏书生　陶继新　著

出版发行	福建教育出版社
	（福州市梦山路27号　邮编：350025　网址：www.fep.com.cn）
	编辑部电话：0591-83779615　83727542
	发行部电话：0591-83721876　87115073　010-62024258
出 版 人	江金辉
印　　刷	福州万达印刷有限公司
	（福州市闽侯县荆溪镇徐家村166-1号厂房第三层　邮编：350101）
开　　本	710毫米×1000毫米　1/16
印　　张	13.75
字　　数	196千字
插　　页	2
版　　次	2015年10月第1版　2022年6月第6次印刷
书　　号	ISBN 978-7-5334-6950-4
定　　价	29.00元

如发现本书印装质量问题，请向本社出版科（电话：0591-83726019）调换。

目 录

序 / 1
导引 / 1

第一章　孝敬感恩 / 1

一、孝敬感恩系德之根本 / 2
二、孝敬感恩从家务做起 / 3
三、孝敬感恩是幸福之源 / 12

第二章　充满爱心 / 18

一、爱当下的一切 / 19
二、善行昭示品质 / 23
三、爱人亦需爱物 / 30

第三章　学做真人 / 35

一、人无信，无以立 / 36

二、得事实，求真是 / 38

三、父母信，孩子真 / 43

第四章　积极心态 / 49

一、起伏兴衰，生活常态 / 50

二、家长心态积极，孩子心理阳光 / 57

三、学会宠辱不惊，修持宁静心怀 / 65

四、安然接纳当下，挫折成就未来 / 71

第五章　培养习惯 / 78

一、不怕慢，就怕站 / 79

二、步子小，坚持走 / 85

三、培养注意力 / 88

四、适时要说"不" / 90

五、养成有方法 / 93

第六章　开发潜能 / 99

一、开发潜能，创造奇迹 / 100

二、创设环境，更好发展 / 105

三、发现长处，激活"天赋" / 111

四、记忆潜能，及早开发 / 119

第七章　学会生存 / 126

一、磨难是成长的阶梯 / 127

二、放手是腾飞的前提 / 133

　　三、吃苦是幸福的序曲 / 140

第八章　快乐学习 / 147

　　一、什么样的学习是快乐的 / 148

　　二、让学生体验学习是享受 / 155

　　三、让孩子从小喜欢上学习 / 162

　　四、进入到痴迷状态的快乐 / 165

　　五、学习应当是无处不在的 / 167

第九章　学会交友 / 171

　　一、人人都是群体互助的受益者 / 172

　　二、怀着真诚助人之心结交良友 / 178

　　三、帮助朋友其实就是帮助自己 / 183

　　四、父母是孩子择友观的引导者 / 186

第十章　共同成长 / 193

　　一、孩子第一次成长促使父母第二次成长 / 194

　　二、心灵共同成长是父母子女的重要课题 / 200

　　三、孩子是为成就父母的生命成长而来的 / 203

结语 / 206

序

教师要想走上讲堂，首先要有教师资格证书；可是，夫妻成为父母，却没有这方面的考核与证书。所以，有的尽管已经为人父母，却不知道如何做父母，更不知道如何做一个优秀的父母。而家长的优秀与否，却是与孩子的成长息息相关的。所以，我们两人怀着忧怀天下之心，来对话与交流"做一个优秀的家长"这个话题。

在孩子成长之路上，家长理应是第一责任人。从孩子呱呱坠地之后，家长就应当肩负起教育的责任。《三字经》中早就说过："养不教，父之过。"我们现在可以延伸一下："子女不教，父母之过。"可是，有的家长认为，养是父母之事，育则是学校的责任。这一认识上的误区，导致不少家长主动地卸下了应有的担当，让孩子失去了接受家长教育的过程。谁都期待自己的孩子成人成才，可是，如果没有让孩子成人成才的理念与行动，没有家庭优质教育的土壤，这种期待就有可能变成天上浮云、空中楼阁。

有的家长尽管自己没有担当起教育孩子的责任，可对孩子却有着很高的期望值，如果现实与期望形成落差，则将怨气与责任一并推给学校教育。其实，孩子的成长，尽管学校起着重要的作用，而家长的作用同样不可小觑。绝大多数问题孩子的背后，几乎都有一个有问题的家庭；绝大多数优秀的孩子，几乎背后都有着优秀家长的关注与支持。

我们两人绝非自诩优秀，但我们却有着家长的责任感。在我们看来，父母教育孩子，是天经地义的事情。如果教育不好，不但对不起孩子，也对不起学校与社会。正是基于这样一种思考，我们才有了始终如一的家庭教育的担当意识，才有了自始至终的家庭教育行动。

家长的责任，不但要让孩子成才，更要让孩子成人。《大学》开篇就说："大学之道，在明明德，在亲民，在止于至善。"孔子的教学总纲"志于道，据于德，依于仁，游于艺"十二个字中，前九个字都与人格生成有关，后面三个字也不是绝无关系。看来，儒家先师是将修身做人放在第一位的。因此，真正优秀的家长，都特别关注孩子人格的生成。有了高尚的人格，就等于为孩子一生成长打下了坚实的基础。有的家长只是看孩子的学习成绩，只是关注让孩子考上更好的学校，至于做人如何，则认为那是无关轻重的。但如果没有人格这个精神的支撑，往往出现这样那样的问题，甚至是比较严重的问题。其实，再往深处探究一下，这些家长的思想意识与人格道德本身就有问题，他们不但对孩子寄予了不正当的期望，也在言谈举止中对孩子进行了不好的教育。当问题特别是严重问题出现的时候，他们往往不是从自身寻找原因，不是自责，而是怨天尤人。优秀的家长则不然，他们将自己当成孩子成长的一面镜子，言传身教，在潜移默化中将一些美质传递给孩子。于是，孩子的优秀品质，就在这种家庭环境中逐渐形成了。

有不少人问我们，你们的孩子品质怎么这么好？有什么妙招吗？其实，从本质上说，家长做人做好了，孩子的人品大多也没问题。家长教育孩子，必须真诚自然，即《大学》上所说的"诚其意"，要像"如恶恶臭，如好好色"一样真诚地做事做人。久而久之，孩子也会懂得"诚者，天之道也；诚之者，人之道"的要义，并会显现在孩子的行动中。

每一个家长都希望自己的孩子幸福，可是，他们并不深知幸福的真正内涵，而是根据自己的"幸福"标准，让孩子步入"幸福"的领地。比如让孩子吃好的、穿好的、玩好的等，这些物质刺激对于孩子来说，也许可以快乐一时，可是，它往往是不能持久的，甚至还会走向幸福的反面，步入物质至上的怪圈。其实，幸福更多地折射在心理层面，幸福是要快乐的，可是，这个快乐应当是持久的，甚至是一生的快乐，而且有着高尚的况味。精神的追求，远远大于物质的丰足。真正优秀的家长，在满足孩子基本生活需求之后，总是更多地让孩子在精神上去追索，为孩子的精神成长提供一切可能。从而让孩子不但知道爱自己，也更懂得爱他人；有了好的东西可以自己享用，更要与他人分享；自己成长与发展的时候，也帮助别人成长与发展起来。同时，让孩子在这种精神成长中，慢慢地体会"仁者爱人"的美好，感受与人同乐的幸福。

我们两人的幸福观，似乎有点不合时宜，更多关注的是孩子的人格与精神的生成。而且，我们持之以恒地用这种幸福观去影响孩子们，让他们自觉与不自觉地走进"宁静以致远，淡泊以明志"的境界。

目前，孩子心理问题已有"愈演愈烈"之势，这让很多教师与家长非常头痛。这些心理问题，有的是在学校形成的，更多的却与家庭有关。这些问题得不到有效的解决，就可能越积越重，以致不可收拾。我们两人的孩子的心理都非常阳光，即使在一般人看来非常烦恼的事情，表现在我们孩子身上，也多不会痛苦不堪，甚至还会笑而纳之的。为什么呢？因为我们两人在经受打击批判的时候，依然有一种乐而忘忧的情怀；有了名气之后，依然是淡然处之。在我们看来，大自然有风和日丽，也有暴风骤雨，其实，这正构建了大自然的一种和谐。如果天天风和日丽，或者天天暴风骤雨，不就一切都完了吗？人亦如是。一个人有成功，也会有失败；有顺境，也会有逆境；有得，也会有失。成败、顺逆、得失，恰恰构造了一个人一生的和谐。如果有了成功就忘乎所以、得意忘形，就打破了生命的和谐；如果遭遇失败就垂头丧气、裹足不前，也打破了内在的和谐。了解了这些，并有了生命的经历与体验，就会将这些全然地收下，平静地对待。我们两人正是用这种心灵力量，以实际的行动，向孩子诠释着这个天地规则。所以，他们也有了宠辱不惊的心怀。

孩子的潜能是巨大的，可是，有的家长却漠视了这种潜能，让其长期处于沉睡状态，让本来可以走向卓越的孩子，一直在平庸的路上迟缓地行走。而优秀的家长则不然，从小就有效地启动这个开发系统。小时候的潜能一旦开发出来，还会随着时间的推移，让这种潜能更加展示出其无穷的魅力。我们在对话中谈到的一些优秀的孩子，在一般人看来可谓神童，可是，从深层次分析一下就会发现，是他们的家长让其"神奇"之力喷薄而出的。现在，有很多家长认为孩子太小，是不可以学习的，特别是不能够学习那些深奥的古代经典。其实，对于孩子来说，几乎没有什么难易之分。《学记》中谈到"学者有四失"时，只谈到四个方面："或失则多，或失则寡，或失则易，或失则止。"我们的先贤太有智慧了，他们知道，即使如《周易》般的形而上之作，孩子背诵起来也是轻而易举的，而且多能走进乐不可支、优哉游哉的乐园里。而且，他们的记忆力之强，是大人远远不能比拟的。大人用几个小时才能背会的经典，他们只用十多分钟或几十分钟即可倒背如流。《学记》中还说："时过然后学，则勤苦而难成。"如果错过了这个黄金时段，年龄大了再背诵，即使再努力与刻苦，都是不可能背诵得如此多如此好的。所以，古人特别关注经典文化的"童子功"，中国的很多大师，都是因有"童子功"而后才大器晚成的。遗憾的是，一些家长，包括一些有头衔的教授级家长，对此却嗤之以鼻，认为小小童子，对这些佶屈聱牙的古文一点儿也不懂，背诵有何用处？其实，千万不要小看当时不理解的经典背诵，这犹如为孩子种下了一棵优质成长的种子，不一定现在就开花结果，可是，到了一定的时候，必然会让你看到盛开的鲜花与累累的果实的。

家长都希望孩子好好学习，可是，一个不学习的家长，在有形与无形之中，总会向孩子传递一种不好好学习的消极心理暗示。不妨想一想，一个整天在家里打麻将的家长，让孩子在那里安静地学习，究竟有多大的说服力；一个天天迷恋于电视的家长，让孩子不看电视好好学习，又会在孩子心里投射下怎样的阴影？我们两人都是学习者，不会打麻将，很少看电视，更多的时候，是与学为伴的。时间长了，孩子也就受到了影响，也就"学而时习之"

了。其实，家长让孩子成长的时候，自己也应当成长。某种意义上说，孩子是为成就家长而来的。你希望孩子走向卓越，家长就要力争走向卓越。学习不应当是工作之后就停止的事情，而应当是从摇篮到坟墓的终身大事。所以，家长要是一个终身学习者，要是一个与孩子共同成长者。当家庭中构建了一个学习共同体之后，孩子成长了，家长也发展了。

  以上所谈，包括全书中谈到的家庭教育问题，都不是凭空想来的，都是基于我们自己的家庭教育，以及其他优秀家长的经验而来的。当然，我们也学习了一些家庭教育理论，并向有关家长请教过。不然，是不可能有这些家庭教育语系的。可以说，我们的孩子是直接的受益者，他们的成长，给我们以更多的惊喜，同时，也让我们更加关注家庭教育。这些经历与经验，我们希望更多的家长能够与我们一道分享，分享之于我们，是一件特别愉快的事情。当然，我们也有了一种期待，那就是希望分享了本书的家长，能够让你们的孩子变得越来越优秀，你们自身也不断地走向优秀。当更多的家长与孩子更加优秀的时候，我们也就有了更多的幸福感。当然更多家庭幸福的时候，社会不也就安详与和谐了吗？

  这本书的起源是我们的一次现场即兴对话，那是 2012 年 4 月 3 日，于山东工艺美术学院数字演播大厅里，我们两人就"做一个优秀的家长"这个话题，谈了整整一天，夜色降临的时候，尚有意犹未尽之感。后来，我们将那次对话的录音整理成文，又做了一些修改与增添，才有了这本书的问世。

  本来，这本书是可以早些出版的，可是，由于我们两人很多时间出差在外，是抽空整理而成的，以致拖延至今，甚是遗憾。

  尽管如此，我们两人依然很高兴，因为这本书毕竟是我们两人关于家庭教育的一个精神成果，它不但会留存在我们的心里，也会走向全国各地家长的视野里。所以，期待能有更多家长阅读并喜欢它，也期待大家提出批评与建议。

魏书生 陶继新

2012 年 9 月 18 日

导　引

　　2011年，我们两人曾经围绕着"种好心田"这个话题进行过一次对话与交流。今天，我们再次坐在一起，就"做一个优秀的家长"的话题进行对话。

　　现在图书市场上有不少家教书，写了很多不同的家教方法，也有很多专家谈了各种家教技巧，但是经调查和研究得知，孩子成长中出现的大多数问题归根结底还是来自父母为人处世的影响。偏离了这一点，讲再多的家教技巧都不能从本质上解决问题。

　　那么，如何让我们孩子的人生更加完善，如何让孩子的能力得以充分发挥，如何让孩子在离开父母的羽翼保护后真正快乐地飞高飞远，如何让孩子活出有质量的幸福人生，则成了众多家长关注的问题。而其中一个核心问题，就是家长的优秀与否，直接决定着孩子成长的快慢与好坏。

　　我们曾看到过这样一则信息：在美国，有两个家族都已繁衍了八代子孙。一个家族的始祖是200年前康涅狄格州德高望重的著名哲学家嘉纳塞·爱德华。由于他重视子女教育，并代代相传，在他的八代子孙中共出了1位副总统、1位外交官、13位大学院长、103位大学教授、60位医生、20多个议员……在长达两个世纪中，竟没有一人被关、被捕、被判刑的。另一个家族的始祖是200年前纽约州的马克斯·莱克，他是个臭名昭著的赌棍加酒鬼，开设赌馆，对子女教育不闻不问。在他的八代子孙中有7个杀人犯、65个盗窃犯、324个乞丐，因狂饮夭亡或成为残疾者的多达400多人。

这两个家族的八代家族史再次告诉我们，一个人从小所受的教育把他往哪里引导，能决定他后来往哪里走。家长的优秀与否会潜移默化地影响着子女的道德品质、思维观念、人生观及生命前程等。

看来，做一个优秀的家长，不单单是家长本人的问题，而且还是关乎孩子一生是不是幸福的大问题。

我们试图结合自身的经历与经验，以及对这个问题的研究与思考，就如何"做一个优秀家长"谈点儿意见与建议，希望能给尚在迷茫中的家长们打开一个新的思维大门，指出一条新的路径，从而让家长们自觉且较快地走向优秀，让其孩子拥有一个幸福的童年、少年和青年，以及一个美好的未来。

相信这种希冀不是梦想，而是能变成现实的。

第一章　孝敬感恩

我的手指还能活动

我的大脑还能思维

我有终身追求的理想

我有爱我和我爱着的亲人和朋友

对了，我还有一颗感恩的心

——霍金

丑恶的海怪也比不上忘恩的儿女那样可怕。

——莎士比亚

陶继新：孔子的弟子有若说："君子务本，本立而道生。孝弟也者，其为仁之本与！"（《论语·学而》）孝悌，这是仁的根本。根本树立了，"道"就出现了。所以孝敬感恩，既是中华民族优秀传统文化的根，也理应是家庭教育的一个"本"。孝敬感恩，不是仅仅停留在口头上，也不是为求得心理平衡的喧闹的片刻答谢，而是发自内心的无言的永恒回报。学会孝敬感恩，应该是学会做人的一条最基本的标准。但是很多家长忽略了这个问题,所以想先就这个问题,请魏老师谈一谈您的看法。

一、孝敬感恩系德之根本

魏书生:孝敬感恩。我始终跟家长们讲,也跟我的学生讲,人一辈子永远要对宇宙、对自然、对社会、对他人存感恩的态度。因为人是非常渺小的,这么渺小的生命能让咱活一回,你说没有祖祖辈辈的积累,咱能这么幸福吗?能这么方便吗?没有大自然的千千万万的巧合,地球能在宇宙空间转了这么多亿年,才转成了适合咱人类生存的这最恰当的状态吗?宇宙空间那么冷,地球就不冷不热。对这些,咱当然要满怀感恩之心。

所以我总让学生,经常这么想问题,别以为自己有了一点儿成绩,就飘飘然、忘乎所以,或者是瞧不起别人,或者是自以为全是自己的功劳。人要常怀感恩之心,而感恩之心,首先应该是从感恩父母做起,因为父母给了咱生命,才让咱有机会活出咱的精彩。

感恩父母,做什么,怎么做,最好别挂在嘴边上,一定要落实在行动上。

要孝敬父母便要为父母分忧解愁,为父母做一些力所能及的事。学会在父母生病的时候端水找药或者陪同就医;外出时和父母道别,回家后与父母打招呼;用餐时先请父母入座,替父母盛好饭菜;听从父母的规劝。孝敬,要孝就要敬;孝顺,要孝就要顺,而且孝不如顺,因为孝比较抽象,顺则比较具体。即使父母、长辈有时批评过严甚至委屈了孩子,也要引导孩子不用顶嘴的方式对抗,学会先顺着父母和长辈的心,事后再平心静气地向父母及长辈解释。

父慈子孝,子孝父心宽,家庭才和谐安宁。孩子孝敬父母,才会去爱同学、爱老师、爱更多的人。有了千千万万和谐安宁的家庭,我们也就有了一个和谐的社会。

二、孝敬感恩从家务做起

魏书生：我刚当教育局局长时，做就职演说，我就说了"五个一分钟"。第一个一分钟，讲的就是盘锦市的学生回家都要做家务劳动，二三十分钟更好，没有那么多家务活，做不了那么长时间，一分钟也要找活儿干、找事做，千万别停下来。

很多人不理解，说魏老师，你当个教育局局长，不抓重点中学，也不抓通考，也不强调升学率，怎么说头等大事是家务劳动呢？我说你想想看，一个很重要的常识是什么？爱祖国、爱人民，看不见摸不着，但一个孩子不爱自己的父母的话，你说他爱祖国、爱人民，百分之百是骗人的，这都用不着论证。一个打爹骂娘的人，在那里大声吹嘘，他对同志如何有礼貌，如何尊重朋友，会有人相信吗？但是爱父母，你能光挂在嘴边上说空话吗？那不是假的吗？心疼父母，要从从小帮父母分担家务劳动开始。人在小时候，大事做不了，小事还做不了吗？承担一点家庭责任，至少自己能做的事自己做，为父母分一点儿忧。我说一个从小知道为父母分忧解愁的孩子，心疼父母的孩子，长大了他自然就会心疼更多的人，长大了他会惦记集体，再大他会惦记这个国家，会心怀天下。这几乎是一条常识，是一个规律。

还有人问，**魏老师**，孩子做家务劳动不耽误学习吗？我说学习有那么紧吗？多少家庭有困难的孩子，十来岁支撑一个家，全部家务劳动都干了，买粮买菜、洗衣做饭、煎汤熬药，结果人家上学，小学初中高中大学什么都不耽误啊。他们凭的是什么，反而是这种帮助家庭分忧、承担家庭家务活的过程锻炼了他强大的责任感和意志力，这种责任感和意志力应用到学习中，自然事半功倍。这种例子太多了，而咱一天二三十分钟都舍不得做吗？

陶继新：确实是这样的，想想我们这一代人，也可以得出这种结论。我们这一代人多数都是在极其艰苦的生活条件下长大，从小都要帮着家里承担很多家务，反而我们的学习动力、成就动力都很大，尤其是在学习中遇到困难的时候，我们从来都没有想要放弃过。

魏书生：而且，根据我的经验，常干家务活的孩子智力更好，思维活跃，遇到困难点子多，组织能力也强。我教过的各个班级的学生，如果把学习成绩处于前10名的学生做的家务活加起来，会远远超过后10名学生做家务活的总量。绝大部分后进生之所以成绩低，并不是由于智力不好，而是因为懒。

当然我不是主张过早地将家庭的重担压向孩子稚嫩的双肩，而是建议家长们，要求孩子们适当地做一些家务活。这样有助于培养孩子的责任感，增进跟父母的感情。在做家务活的过程中，还能使紧张学习的大脑某些部位得到休息，虽然占用了一点儿时间，但反倒培养了孩子的效率感，更加珍惜学习时间。

所以，我说一定要从家务劳动做起，从力所能及开始，自己能做的事自己做，至少你从四五岁开始，五六岁开始，幼儿园开始，整理自己的东西，整理自己的玩具，上小学整理自己的文具，整理自己的被褥，整理自己的衣服，再大一点儿，开始学习洗小东西。

陶继新：是的，这一点我也很认同。根据心理学的研究显示，其实人天生就有很强烈的自己决定自己生命的意愿，我们经常可以看到很小的小孩子就想着自己去做事。当你看他做不好，帮他时，他反而会非常痛苦，甚至大声啼哭，表示抗议，非得他自己去做了才高兴。所以，如果家长能顺应孩子的这种需求，多付出一些耐心，让孩子自己做，并在旁边加以辅导和协助，孩子的自我发展的能力就可以很好地建立起来。

我的小外孙女，3岁多的时候，她妈妈发现她有自己穿脱衣服的意愿，就给她演示讲解了衣服的穿脱方法，然后就让她自己练习。可以想象，孩子自己穿脱衣服的过程是很漫长的，而且充满了错误和反复，但是孩子的那种认真也是很令大人吃惊的。有时候，她妈妈要用半个多小时的时间等她穿好两三件衣服。但是，这个时间是值得等待的，每次孩子自己穿脱好衣服后，她的表情都是很愉悦的，能感觉到她心理上的满足。现在，这个孩子已是二年级的学生了，平时她的书包、课桌、床铺全是自己整理。书包里文具怎么放、书本怎么分类，都搞得很清楚。有时候还常帮着她妈妈做饭、洗碗等。

魏书生： 是的，这是教育孩子的原则。

很多人问，魏老师你怎么教育自己的儿子？我说我儿子，我只是抓了些小事，带他养成好习惯以后，大的方面几乎都不用大人过多的管理。儿子自己能做的事，自己做，不靠大人。看起来我是个不负责任的父亲，孩子念高中，念文科还是理科，一句话也没问我。但我想，孩子不问我，正是说明他心里有底，能承担责任，我也就不去问他。考大学了，读哪所大学，考什么专业，没问我，我知道没问也就是心里有底，他是准备给我惊喜。而且我一直认为，过好当下，过好每一天，上好每堂课，每件事都能做到脚踏实地，最后一般会有很好的结果。就算没什么好的结果，我们也问心无愧了。人应该怎么活着？我说脚踏实地过好每一天是最要紧的。儿子大学毕业考研究生，研究生毕业参加工作，参加什么工作，一句话也没问我。我说既然没有问，就是用不着问。说明他就是有这个能力，既然有这个能力，我就无需提供援助。当然若是他不行了，问我了，我再想办法帮忙吧。他现在在北京，到核工业总公司搞高科技的工作了。

这回参加工作了，寒暑假不能回家了。春节那几天难得回到家，却总是说爸妈您俩歇着，吃完饭看电视。他在厨房里，把锅碗瓢盆洗得干干净净。他并不觉得，我一米八的男子汉，清华大学的研究生，在核工业搞高科技，我干刷碗的活儿，是不是太掉价了？不。他只是觉得，自己总也不回家，回家能为父母分忧解愁，承担点儿家务事，他觉得很舒服。家庭哪有什么大事，不就是鸡毛蒜皮的家务吗？我也不是缺他刷盘子刷碗，而是给他"舒服"的机会。

那人家问了，说你在什么地方关注啊？我说就是从他小的时候。儿子自己能做的事自己做，洗东西，整理衣物，自己的文具搞得叮清楚了，什么本子挨着什么本子，干干净净，整整齐齐的，自己的小书房整得井井有条的。

他有这样一个习惯，他觉得很舒服。再大点儿的时候开始能洗大点儿的衣服，他就开始抢着洗。跟我出门的时候，一个包也不让我拎着。一次我出差回来，他抢过包来拎着，我也不吱声。两个包抢过去拎着，让我空着手，我就空着手。我出门没有大包，都是小包。有一次三个包，我说这回给爸爸一个，他说不用，我说不用你怎么拿啊？他背上背起一个，左手一个，右手一个，在前面走着，他觉得自己成熟了，说："爸，我成熟了。"很自豪，"您看我现在能背三个包了。爸，我现在是不是很有劲儿了！"孩子觉得自己成熟了，很自豪，很幸福，很快乐。你说咱一个当家长的，干什么啊？非得贱兮兮抢过来替他背哪。我就在后面走着，跟着他，欣赏他的成熟。那时候他才十三四岁，不像现在一米八，我并不是缺他背这个包，干这点活儿，而是培养他这颗心，给他舒服和自豪的机会。改变人都是一点一点改变的。

我跟我儿子出门，他问："爸，渴不渴。"

我说："有点渴。"

他说："给你喝水。"

我说："不行，这矿泉水是凉的。"

他说："不凉。"

我说："怎么能不凉呢？"

结果他从怀里掏出来一瓶矿泉水——农夫山泉，大冬天在他自己的怀里，给我焐得热乎乎的，还说："爸，赶快喝。"

小事知道心疼你，惦记你，小时候知道惦记父母，当然以后也就懂得惦记别人，同时他也舒服，他也在给别人付出的时候收获了快乐。当一个人不仅仅以自己为中心，而以集体、以他人为中心的时候，他的幸福就拓展了，就开阔一些了。

所以我说我求盘锦的家长们，千千万万别觉得孩子做点家务劳动会累着，这其实是给孩子一个成长和发展的机会。从小他知道心疼你，将来他才会心疼别人、心疼集体，将来才会心疼咱这个国家、咱这个地球，这样他才更加幸福。

我要求盘锦的孩子，每年做两张贺卡，第一张贺卡，妈妈过生日的时候，亲手送给妈妈，写上自己想说的话；第二张贺卡，在爸爸过生日那天，亲手送给爸爸，我说买贺卡不行，一定要自己做。我要求这作为美术教师的任务，美术教师别总让学生画那些中外名画，那是少数学生做的事，大部分学生就是做点儿美好生活中的小饰物，让他们做这些事。

这些听起来都不像一个局长要提出的要求，但我觉得这才真是头等大事。感恩，先感恩父母，孝敬父母，这绝不仅仅是一点儿家庭中的事，而是使这个孩子更幸福、更大气的必经之路，他渐渐会知道惦记更多的人，社会就是跟很多人联系在一起的。

陶继新：美国得克萨斯州有一条法律：凡年满14岁的孩子，必须身体力行为父母分担家务，诸如洗碗、擦地、剪草坪等。做家务看起来是小事，而实际上是大事。

老子说："天下大事，必作于细；天下难事，必作于易。"（《道德经·第六十三章》）天下的难事，总是从容易的部分开始解决；天下的大事，总是从细微的地方开始做起。孝就是天下的大事，所以儒家先师提出一个观点，就是："一家仁，一国兴仁；一家让，一国兴让；一人贪戾，一国作乱。其机如此。"（《大学》）家齐才能国治。一家仁爱，一国也会兴起仁爱；一家礼让，一国也会兴起礼让；一人贪婪暴戾，一国就会犯上作乱。其联系就是这么紧密，这就是关键啊。一个国家其实都是一个一个家庭细胞组成的，当这个家庭好、那个家庭好，每个家庭都好的时候，这个国家才能兴旺发达。那这个家庭怎样才能好呢？刚才您说得对，首先要让孩子知道孝敬感恩父母，因为父母抚育了自己，不仅仅是给予了生命，而且还包括整个生命历程的陪伴与引导。父母所有的付出都是无私的，所以这种回报自然是天经地义的。一个人如果连自己的父母也不爱的话，正如您刚才所说的，他是不可能爱集体，不可能爱祖国，甚至都不可能成为一个好的人。

有人说，恩将仇报者，肯定是一个坏人。当一个人连父母都不爱的时候，你说这算不算恩将仇报？尽管不一定是仇报，但是无报也不行。虽然父母多是不求回报的，但是不代表孩子可以不懂感恩。孝敬父母是理所当然的，当一切所为都是源自真心的时候，就不仅仅是"报恩"这么一个简简单单的动词了，而是成了带给父母欣慰与喜悦，带给孩子幸福与自信的快乐之泉。

古时选拔官吏，要取"孝廉"，先得孝顺，才能让你当官。我们都知道包青天包拯，他以廉洁公正、不攀附权贵著称，故民间称其包青天及包公。他就任开封府尹期间，办案既明察又暗访，执法既严谨又不失人情，令正义得以顺利伸张之余亦导人向善。

包拯也极为孝顺父母。与包拯同时代的欧阳修，曾经说包拯"素少学问"。这里的"少学问"，主要不是指读书和文化水平不行，而是指不懂人情世故。欧阳修其实不是贬低包拯，而是认为包拯"少有孝行，闻于乡里；晚有直节，著在朝廷"，说他小时候就因为孝顺的佳话而闻名于乡里，而长大后的耿直公正更是在朝廷中著称。应该给他以更合适、恰当的官职。

包拯的青少年时代，也曾刻苦读书，所以在他29岁时，终于考中了进士甲科。按照宋朝规定，考取进士之后，便可以做官。包拯被派到建昌县（今江西永修）任职。但包拯认为父母亲年事已高，应该尽孝奉养双亲，因而请求回到安徽，在和州（今安徽和县）做官。但是，父母亲希望儿子在自己身边，包拯便决定辞职回家，在家孝敬父母多年，直到双亲去世。包拯守丧期满，仍不想离开故土。当时，这种孝道受到家乡人的称道。安徽合肥发现了一块包拯为父亲包令仪立的神道碑。碑上阴刻篆书"宋故赠刑部侍郎包公神道碑"十二字。这既是包拯留下的珍贵文物，又是他力尽孝道的见证。

现在清明节人们要祭坟，为何要祭坟，你说有敬畏之心，对的，为什么呢？因为如果父母在你要好好侍奉他们，不在了，要好好祭奠他们。所以孔子说祭祀这一点应当是每个家庭当中非常关注的一个大事情。所以，曾子说："慎终追远，民德归厚焉。"意思是说，谨慎地办理父母的丧事，虔诚地追祭久远的祖先，老百姓的道德就会日趋敦厚。

不仅中国，我认为一切真正有良知、有成就的人，都在关注这个问题。比尔·盖茨有一天在飞机上接受一个记者的采访，这个记者问，你认为世界上最不能等的是什么事？他就说了一个字——孝。这个事真没法等，"树欲静而风不止，子欲养而亲不待"是怎样一种痛，所以说孝敬父母是不能等的。而且当孝敬父母的时候，父母是何等的快乐，他养你育你，你去孝他敬他，家庭的和谐在这一刻就完美地构建了。

所以刚才您说的做家务，这点看似微小的事恰恰是最大的事情。家务事看似琐碎，却日日重复，且很难有显见的功劳。而正是在这似乎枯燥但需要耐心、细心、精心的劳作中，孩子的心里形成了一种概念，觉得承担一些力所能及的家务事，本来就是自己应该做的。当做的时间长了，他就感觉到水到渠成，自然而然。这里面定格了一种正面的态度，孝敬父母是天经地义、自然而然的事情。

魏书生：所以，有智慧的父母都懂得让孩子从小干家务。马克思平时就注意让女儿们独立做事，培养她们从小热爱劳动的良好习惯。马克思要求女儿从事家务劳动、收拾房间，学习简单的烹调技术。他的几个女儿还学会了简单的缝纫、编织、做纸花等手艺。马克思精心培育的女儿，长大后都很优秀。而且这些孩子很感恩自己的父母，她们赞誉马克思是"最理想的朋友，最亲切和最使人愉快的同志"。

法国伟大的思想家卢梭说过："一个小时劳动所获得的东西，比一天听讲解得到的要多。"孩子在其中的受益是从德到智的。

陶继新：做家务，洒扫屋子看起来是小事，但是却能锻炼一个孩子做事有规律和有耐性的习惯。古人早就说过："一屋不扫，何以扫天下？"在洒扫屋子的过程中，不仅仅使屋子更干净和整洁，更重要的是对孩子的耐性和心性都是很好的锻炼，而且在打扫过程中，还可以使孩子更平和、更踏实、更细致、更精益求精。

从报纸上曾看到一则信息，大意说的是：两个名牌大学毕业生，应聘进入某知名会计师事务所工作，因为暂时没有房子，所以两人出来合租房子住。房东听说他们是高学历的，以为他们肯定属于高素质的"优质房客"。不料一年后，两人违约被赶走了。为什么会被赶走了呢？因为这期间房东发现，由于客厅窗户长时间不关，地板早已被淋坏；厨房灶台上散落的残余食物霉迹斑斑；衣服绞进洗衣机内胆，六成新的机器报废；马桶堵塞，修理工清理出一堆可乐瓶盖……

可见"一屋不扫"，反映出当前一些大学生欠缺基本的生活自理能力和以自我为中心的心态，他们从小缺乏打理生活的经验和能力，毕业后什么都得靠自己，问题就来了。试想，如果饮食起居这些生活小事尚且自顾不暇，又怎么能去从容地应付千头万绪的工作呢？不少房东反问，如果这些大学生是在自己家，会不会如此邋遢？在租住房内不管不顾，这是对他人财物、对公共环境缺乏责任心的表现。如果在生活中养成这种不负责的心态，且把这种心态带进工作中，又如何做到对单位、对社会负责呢？

面对这些问题，一些家长在娇惯抑或指责孩子的时候，却鲜有检视自己的教育观念与思想行为。因为他们确也希望自己的孩子具备孝敬父母的美德，更希望他们能够成为适应未来挑战的有用人才。但是，他们步入了一种家庭教育的怪圈，认为孝顺父母是孩子长大成人以后的事情，现在则是家长全心全力疼爱孩子的时候；帮助家庭与社会做事是未来之举，目前则需要对孩子悉心呵护与尽力帮助。其实，孩子的心灵犹如一张洁净无瑕的白纸，父母在上面涂什么颜色，画什么图案，直接影响着孩子的未来与一生。如果一味地溺爱，孩子养成的是只图享受、不会做事、不知关心帮助他人，甚至不知关心帮助父母的心理定式与生活习性，即使长大成人，也是难以迷途知返。社会上这种令父母遗恨终生的事例比比皆是，然而不少人却熟视无睹，继续着这一害了孩子、也害了自己的"教育"。

我曾经采访过一位非常优秀的孩子，叫林曦，我叫她曦曦。她现在是一位国内外小有名气的书画家。曾在法国、印度、泰国、尼泊尔、新加坡等国家和中国澳门、香港举办个人画展，还出版了个人书画集、画集、小说、个人音乐专辑等，是一位相当有灵性、有智慧的女孩子。她的成长，其实相当大的程度上得益于家庭教育，因为她没有上过中学，完全是通过自学考入大学的。而在我采访她的成长经历时，让我感触最深的，就是她妈妈对于她做家务事的教育。

妈妈从小注意培养曦曦的自理能力，包括教曦曦炒菜做饭，甚至让她承担安排全家饭食的工作。每逢周末或外婆不在家时，曦曦便主动做饭。她先要征求妈妈的意见，妈妈喜欢吃什么，她便做什么，而且符合色香味俱佳的高层次要求。然后再将可口的饭菜端到妈妈面前："妈妈请品尝，如果不合您的口味，曦曦重新去做。希望妈妈多提意见！"得到妈妈满意的笑后，她才感到尽到了责任，喜盈盈地离去。妈妈刚刚起床，曦曦便将热茶泡好，轻轻端到妈妈面前，甜甜地问候一声"早安"，然后才笑着去干其他事情。客人光临，也是曦曦迎到屋内，轻声笑语中，将茶泡好，轻轻地放到客人面前。

妈妈的衣服需要熨了，叫一声曦曦，衣服很快熨得齐齐整整。妈妈与外婆生了病，吃什么药，什么时候吃，她都一清二楚，并会按时递送药物与开水，看着老人将药吃下方才悄然退下。至于打扫卫生等体力活儿，曦曦更是义不容辞地承担起来。

曦曦的妈妈认为，培养女儿孝敬老人的品德，必须从小开始，从家庭做起，从点滴小事开始，"勿以恶小而为之，勿以善小而不为"。所以，她经常对曦曦讲，孝顺之心体现在平平凡凡的生活之中，做家务便是学习生活的一种调剂，也是人生的莫大享受。能够劳动，愿意劳动，并为别人做事，是一种幸福与快乐，是人生的一种高境界。曦曦妈妈自己也是身体力行，言行一致，她孝敬曦曦的外婆，也无私地帮助素不相识的人。天长日久，耳濡目染，曦曦认可了这种品行，并且逐渐渗入心灵，形成定式。

魏书生：孩子学做家务劳动，还能促进智力发育，促进身体健康、增强体质。最重要的是可以培养孩子珍惜劳动成果，培养对劳动人民的思想感情，体会劳动创造世界的真实含义，从而促进良好个性、道德品质的发展。

三、孝敬感恩是幸福之源

陶继新：孝敬感恩这一美德的培养并非难事，关键是要更换观念，改变做法，从小开始。正如魏老师您所说的，所谓的爱祖国、爱社会主义，绝不可束之高阁或流于空谈，而要实实在在地从爱父母、爱家庭做起。一个连养育自己的父母都不爱的人，有何理由奢谈爱国的大道理呢？孝敬父母这一传统美德，展示出一个人的爱心，并影响到其良好品德的形成，无论是对父母还是对社会，都起着不可小觑的作用。

魏书生：凡是从小就好吃懒做、不爱劳动的人，长大了多不能吃苦，独立自主能力差，工作成就平平；相反，从小承担家务的孩子，成才率是相当之高的。

陶继新：以前听您谈到过孩子给您洗脚，我想现在能做到这一点的子女是很少的。山东省乐陵市实验小学校长李升勇在培养学生的这一点上就做得比较好。从2002年开始，他就把3月8日定为学校的感恩节，这一天规定学生必须做好三件事情：一是向父母说一句感恩的话；二是为父母做一件有益的事；三是为父母洗一次脚。"非常"节日里，"受宠若惊"的家长个个激动万分，有的还流出了眼泪。在家做惯了"小皇帝""小公主"的孩子，也开始回味孝敬的价值和感受回报父母之恩的幸福。

爱心孝心必须从小培养，传统美德教育也应当从身边做起。现在许多父母的爱都是单向的，但这种没有回报的爱培育的只能是没有孝心的种子。因为没有今天的回报，就不可能有明天的回报。举办感恩节的目的，就是为孩子种上爱心与孝心的种子，并让其在他们的心里生根、开花、结果。

我妹妹的小女儿芳芳也是如此，从小就给父母洗脚，现在虽然读研究生了，但是只要回到家，晚上就会给她妈妈洗脚。而且从她上小学起，每天晚上睡觉之前，她都会跟父母说："把袜子脱了，我得赶快给你们洗。"芳芳从小学到初中到高中到大学，从没有让父母管过她的学习，全是她独立完成，一帆风顺。上大学到读研究生，每年还都能拿到全额奖学金，假期中给人做家庭教师等，整个大学之后的学费从来没有让家里出过一分钱，还常常能剩下钱给父母。我想她很珍惜这种父母之爱，用感恩和孝敬来回报父母之爱，所以感觉到无比幸福快乐。这正印证了魏老师您所说的小事与大事的关系，看似不起眼的小事，在孩子们的心中构筑的是一种观念和态度，这样的小事在多年之后足以影响这个孩子的一生。

我的两个女儿，包括两个外孙，对我们都非常孝敬，在我和我夫人过生日的时候，女儿们总是精心准备礼物，外孙们全都会画一幅画或者做各种可爱的手工作品送给我们。而且他们之间关系融洽，彼此互助支持，团结友爱，不仅有孝，也有悌。很多人很羡慕我们，我们也很欣慰，我们感受到孩子的孝心所带给我们的那种幸福感。

谈一个小细节吧，我二女儿上大学时候的事。她在外地上大学期间，火车速度慢，旅途要坐十几个小时，常常要夜里到达济南。有一年冬天很冷，早晨我早起要去爬山，刚到楼下，正好遇见她，我说："华子回来了。"她说："回来了。"我以为她是坐了一夜的车，早晨回来的，她也没有说。

中午吃饭的时候，她有一个同学叫李骏的来玩，她就问我："陶叔叔，您知道华子几点回来的吗？"

我说："早晨回来的啊！"

她说："不对。"

我说："不可能啊，我早晨亲自出门看到的。"

她还是说不对，我问我女儿，到底什么时候回来的，她只是笑而不答。最后还是李骏告诉我，华子昨天12点就到火车站了。我问那为什么不赶快回家啊？李骏又代为回答，她说："华子觉得，如果12点回来，一个女孩子深夜打车不安全，公交车没有了，自己没法回来。如果让您去接呢，就打破您的生活规律了，怕您晚上睡不好。"因为女儿知道我的生活很有规律，晚上11

点左右就睡觉了，我要去接她就打破这个规律了。那时候火车站还是老火车站，里面又脏又冷。她就在火车站候车室里冻了一晚上，到早晨有了公交车才回来的。女儿没有告诉我，是因为她觉得这么做是天经地义的，我也感到"道法自然"，本该如此，所以我也不表扬，但我的心里还是很欣慰的。您想想，当孩子为父母着想的时候，做父母的能不幸福吗？我想当孩子有这种认知的时候，她在踏入社会后，与同学、同事以及其他陌生人打交道的时候，都会做得很好。所以，孝敬、感恩的确是一个人的立身之本，有了这个本，以后做任何事情都没有问题了。

魏书生：的确是这样。人类越往高层次发展，有感恩思想的人就越多。感恩思想越深入人心，人就活得离动物界越远，活得越像个人样。

做父母的，要引领孩子走入这种高层次，活出人的尊严。要求孩子孝敬父母，一方面是为了父母，而更主要的方面，还是为了孩子活得更有尊严，为了孩子成为受朋友、受他人推崇的堂堂正正的人。

一个爱顶撞父母的人容易被人唾弃，被人瞧不起，好人不敢和他交朋友，长大了，人们也不敢和他共事。

1996年第3期《现代家教》载文：

某幼儿园一个6岁男童，因母亲把一辆玩具小汽车送给来客，就当着客人的面揪住妈妈的头发往墙上撞，嘴里说："我要教训教训你！"

小学的孩子是另一番情景：今春，一位母亲因丈夫遭车祸住进医院，动用了她三年级的孩子230元的压岁钱，孩子发觉后，硬要妈妈偿还，说："凭什么用我的钱？"

中学生孝敬父母状况又如何？一位母亲把饭菜做好后到人工湖洗衣，初二的儿子回家见菜香可口，竟毫无顾忌地吃光。妈妈回家问为什么不等父母，儿子竟说："人不为己，天诛地灭。"几年前某初一学生用刀捅伤父亲，民警问他："你捅伤生父心里不难过吗？"他理直气壮地回答："这是他批评我的下场。"一女生在校谈恋爱，因父母阻止，竟吃了近30

片安眠药，并留下绝命书："我的死是爹妈逼出来的。"

家长要想想，并让孩子也想想，这样的孩子还有人性吗？正常的人谁敢跟他们交往？谁都会说："他对他的亲生父母都那么残忍，就更不把别人放在眼里了。"这样的孩子不仅失去了朋友，失去了做人的尊严，也失去了做人的幸福和快乐。

一个不孝敬父母，对抗父母正确引导的人，伤害得最重的，首先不是他的父母，而是他本人。

孝敬父母是子女一切良好品德形成的基础。

陶老师您刚才说了，孔子把孝放在一切道德的首位，视为"立身之首""自行之源"。当代不少伦理学家也把孝敬父母看作是人生处理人际关系的第一台阶，是做人的基本要求，是关心他人、热爱祖国品德形成的基础。

一个连自己的母亲都不爱，动不动就对母亲牢骚满腹、怒气冲天的人，却在那里高呼自己热爱祖国，周围的人绝不会相信他，不管他说得多么冠冕堂皇。他喊得越响，讲得越振振有词，论证得越符合逻辑，那他骗人就骗得越厉害，他就是越想从高呼口号中捞取个人私利。

我们教育孩子孝敬父母，决不单是骨肉亲情小事，而是为孩子负责，为了使孩子在同学中有朋友、有知己，有自己人格的尊严，同时也是为社会、为国家负责。

我们不站在做父母的角度，就是站在孩子的良师益友的角度去分析这些道理，孩子也会很容易明白这是为了他好。

陶继新： 孩子都需要引导，尤其信服良师益友式的引导。您上面举到的这些例子，追根究底，一定是父母之前的溺爱、不让孩子参与家庭服务、不加良性引导造成的，这样的结果，不仅伤害了自己，也使孩子失去了为人的高贵和喜悦。

魏书生： 教育孩子孝敬父母从哪里入手呢？我觉得要从引导孩子做小事入手。

一些父母总觉得一些小事无所谓，认为只要在大事上孝敬父母就行了，因而忽略了教育。

据某海滨浴场卖冰淇淋的摊贩反映，夏天父母给孩子买冰淇淋的队伍中，70％的孩子不礼让父母，只顾自己吃。其实，这是大人们没引导孩子的结果。如果告诉孩子，有了好吃的东西，先让给父母、长辈，每次都这样引导，家家如此，养成了习惯，习惯成了自然，孩子心中就会想着他人了。

某小学在四年级学生中调查发现，父母病了，50％的孩子不端水，不递药，不过问。其实这也是父母平时忽视教育的结果。如果家长从小引导，父母长辈病了，小孩子要帮着端水找药，95％的孩子都会喜欢这个表现自己的机会。

某高中班98％的学生要求父母给自己庆生日，但98.2％的学生不知道父母的生日。其实这也是家家户户的父母争着从小给孩子过生日，而从来不给自己过生日形成的思维定式。大家都这样做，就形成了社会风气。如果所有的父母从小便要求孩子记住父母亲的生日，每个家庭最热闹的生日宴会是父母亲的生日宴会，孩子过生日都不搞宴会，那社会上就很容易形成一股父母亲生日宴会风。从小开始，年年如此，习惯成自然，再到高中班去调查，完全有可能倒过来，98％的高中生要求给父母亲庆生日，98.2％的学生不要求过自己的生日。

《现代家教》中的一篇文章写道："某高三毕业班有4名学生让母亲给端洗脚水……"正像您刚才说的，我也觉得这件事的根源，绝不在孩子，而在母亲。如果母亲从小引导孩子自己照顾自己，孩子到了高三，绝不会产生让母亲给端洗脚水的念头。说不定这几位端洗脚水的母亲还为此而感觉快乐和自豪呢，不然的话，立即停止这样做，高三的孩子也不会哭叫着不满意的。

陶继新：是的，很多父母对教育子女缺少科学的认识，只是凭着一种本能爱孩子。有一句话说得好："爱孩子，是母鸡都会做的事。"我们也都听过，很多动物界里的母爱子、母为子牺牲的故事。但是，我们人类的父母们，不能仅把自己的育儿标准停留在这种动物的本能上，而是要想方设法地帮助孩子构建起丰富的精神世界。而精神世界是超脱于物质欲求层面的，是基于对万物一体的认识之上的一种博爱、一种奉献、一种利他，是一种终极的幸福感。所以，父母教育子女都要以此作为方向，作为指导。

魏书生： 您说得很好，父母方向正确了，孩子才能方向正确。所以，父母先要成为良师益友，孩子才能身正行端。

所以说，做孩子的良师益友和教育孩子孝敬父母一点儿都不矛盾，只有良师益友才会引导孩子孝敬父母。如果有哪一位老师教育学生对抗父亲，打骂母亲，那还算什么教师？那不是教唆犯吗？如果有谁告诉孩子逼迫母亲给他钱花的方法，教给孩子欺骗父母的招数，那还算什么朋友？那不是把孩子推进罪恶深渊的罪魁祸首吗？

大多数孩子本性都比较淳朴善良，为人厚道，只是不懂该怎样孝敬父母。只要引导得法，他一定会成为体贴父母、对爷爷奶奶恭敬有礼的好孩子。

世界上的伟人，对人类有大贡献的人，都是有感恩思想的人，他们觉得自己受了父母的恩、亲人的恩、友人的恩、老师的恩、人民的恩，他们想报答，便自强不息，努力奋斗。感恩成为他们工作学习的动力，报恩成为他们的人生目的之一。

作家柏杨先生曾说："中国人，您要笑一笑，笑就是感激，就是美。"感恩是一种美好的情怀，是一种温暖的回报。经历过一次感激，灵魂就会得到一次升华。感恩是一杯清醇的酒，使人生陶醉；感恩是一首浪漫的诗，使人生丰富；感恩是动人的乐曲，使人生快乐！

把孩子培养成一个知道感恩的人！只有这样，孩子才会是个好人，才会是个感情丰富、道德高尚、自己快乐、对别人有益的人。

陶继新： 魏老师此言极是，虽然我们在这里是以小家庭为单位谈及孝敬与感恩，但是，真是要在小家中形成这样正确的人生观价值观，将来才有可能更好地服务于社会，才能更好地理解宇宙万物何以都值得我们感恩。作为在宇宙万物当中一个微不足道的人，他受到万物的滋养，理当感恩宇宙万物所赋予我们的一切。懂得感恩的同时幸福感就生成了，而爱人爱物之心便成为主体，感受到感恩所带来的快乐与满足感时，我们的内心会更加倾向于把爱传达出去。

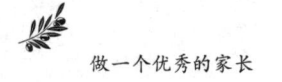

第二章　充满爱心

把爱拿走，我们的地球就变成一座坟墓。

——白朗宁

对于我来说，生命的意义在于设身处地替人着想，忧他人之忧，乐他人之乐。

——爱因斯坦

陶继新： 一个人对幸福的感知，应该是从这里开始的，即意识到"施比受更快乐、更幸福"。很多人以为被爱是幸福的，你爱我，你处处为我着想，我则被呵护、被保护，似乎是一种很好的感觉。这的确能给受者带来一定的安全感、放松感和支持感，这就是孩子为什么需要父母的原因。当父母给孩子提供爱时，孩子就有了安全感。但是如果仅仅认为被爱是幸福，则容易落入一种陷阱，即我的幸福是依赖于他人的，我想幸福就必须不断地向别人索取，别人给我了我会感觉好一些，但别人不爱我或爱我没有达到我的要求时，我就会痛苦。所以，这种认识等于给了别人一个可以控制我的按钮，而我则失去了完全的自主和自由。所以，就算因被爱获得了短暂的快乐和幸福，最终也会成为一种痛苦。这也是很多父母普遍的错误认识，当父母认为被爱是幸福的时候，就使劲地、毫无保留地去爱孩子，认为孩子就会因此而幸福，但是，太多的实例已经表明，孩子不但未感觉到幸福，还觉得父母在用爱控制了他。

那么，怎样才能使人有纯粹的幸福感呢，怎样让我们的孩子获得这种纯粹的幸福感呢？就是"去爱"。这就是为什么很多父母在爱孩子的时候，自己感觉到特别大的幸福感的原因。同时，还要让孩子学会去爱他人。如果这个他人是其父母，他的表现就是孝敬；如果这个他人是其兄弟姐妹，他的表现就是"悌"；如果这个他人是师长朋友，他的表现就是感恩；如果这个他人是除他之外的一切，他的表现就是宽容博爱。这样的人在外在看来是一个品德高尚、精神卓越的人。在他自己的内心，他会感觉自己是有价值的，是被需要的，他的生命是可以发光发热的。同时，他是自主的，是自由的。所以，他是幸福的。

当人们尤其是父母们深刻地认知了"去爱是幸福"的时候，当然就会帮助自己的孩子去获得这种幸福感，因为父母总希望给孩子最好的。那么，如何让孩子去爱呢？肯定不能只是说教，更应该让孩子去体验，只有体验了孩子才愿意去不断地实践。让孩子学着去爱，首先要让孩子充满爱心，有了爱心，就会化为外在的爱他人、爱外界的行为。所以充满爱心这个很博大的话题，值得我们探索。请魏老师与我们分享一下对于"充满爱心"的理解。

一、爱当下的一切

魏书生：充满爱心，也是做人的根本。

人，是活在历史长河中，活在宇宙空间内的。对于历史长河来说，一个人的一百年只是极其短暂的一瞬；对于宇宙空间而言，我们都是极其渺小的一员。那么来到这个世界上，这个世界会不会都尽如人意，十全十美呢？这是绝对不可能的。对于那些无法尽如人意的事情，对于环境的缺陷、不足，对于咱们所处的这样一个又文明又不文明、又富裕又不富裕、又明白又不明白的历史阶段……你要用自己的时间、精力、脑神经来挑毛病，找缺点，发牢骚，放怨气，吹冷风，说怪话，那等于是什么？等于你把自己排斥在这个世界之外了。当你训练了自己这种不良的思维习惯，尤其是一辈子养成这样一个习惯后，那么到哪儿都能找到毛病，都能挑到不足，都能找到阴暗面。于是一辈子会活在一种什么样的情绪里——埋怨、指责、牢骚、愤怒、痛苦、忧虑、紧张、焦虑。所以为了咱自己的幸福，从小也得让孩子满怀爱心地对待我们所生活的这个空间和时间，爱我们生存的每一处空间，爱我们生存的每一个时间阶段。

有的学生问我："老师啊，社会主义好不好啊？"

我说："不好啊！"

学生说："老师，您怎么说不好呢？"

我说："如果它好的话，咱还追求共产主义干什么啊？因为它还不完善，我们才追求一个更好的社会来替代它。"

因为学生想让我说社会主义不好，但是他又不好直说，他就想说社会主义有毛病。所以我就先顺着他说，因为它有不足，咱们才要追求更美好的来替代它。

"但是同学们必须爱这个历史阶段，原因是什么？只有这个历史阶段，是属于咱自己的。爱共产主义，共产主义什么都好，这是毫无疑问的，生活富裕，人人平等，互相尊重，没有歧视。根本没有行业的差异，不同的行业间都能够互相尊重，互相理解，互相鼓劲。大家也没有这些眼前的焦虑与紧张，这是毫无疑问的。但是就算那个阶段再好，我们现在也去不了，咱只能是生活在这个阶段，你只能是全身心地爱它。当你爱它了，你会找到它很多很多值得你爱的地方，毫无疑问的，它比原始社会强多了，比封建社会强多了，比战争年代强多了，比解放初期强多了，比'文化大革命'更强了。是不是你们这一段挺好啊。"

大家一想，从历史到现在，这一段的确是政治最稳定、经济最繁荣、思想最宽松啊。所以学生就说啦："老师，我们生活的这个阶段真是好啊。"

我说："用这样的角度思考问题你不就自己快乐了，当你爱它爱得多了，你就会想到要回报它，想到自己的责任，想为这个社会做更多的事。"

说了时间上的，那么接下来，咱说说空间上的。咱活在盘锦，只能爱盘锦，活在中国，只能爱中国。爱美国没有用，当然也不能因为爱中国，没事儿就去糟蹋美国。说美国那个破地方，乱糟糟的，犯罪率那么高，请咱去咱都不去。不对，美国好就是好，它沿着那条路发展了两百多年了，怎么不好啊？经济比咱肯定要繁荣多了，这是毫无疑问的；国家机器比咱严谨多了，这也是毫无疑问的。但是你使劲爱它没用，它有它的特点，咱有咱的长处，我说如果高薪聘请你也耍去，去了赚了钱回过头来，到中国来投资，中国永远是咱的根。活在盘锦使劲爱盘锦，原因是什么？爱深圳没有用啊，但也别说深圳不好。爱咱盘锦好的地方，发展咱的优势。

你说咱的普普通通的工人家庭，使劲爱那个市长家，爱那个局长家，爱那个老板家，有什么用啊？那不是把自个儿糟蹋了吗？爱人家，回去埋怨自己的父母，你不整个糟蹋自己吗？你怨没有用，只能好好爱咱的父母，咱的父母在家里这么困难的生活下，还供咱念书，还给咱买了这么好的服装，给咱准备了这么好的学具。你想想，想想这些全身心的爱，就使劲爱咱自己的家长。

活在实验中学，使劲爱实验中学。活在咱学校里，爱咱的学校。活在这个班级，爱咱这个班级里的同学。你俩同桌，你不爱他，你烦他，你恨他，首先自己就不痛快，你自己不就吃亏啦，是不是？他一想也是这么回事。

我说其实爱人家就是爱自己。自己的爱心多了，对有点短处，有点缺点的人就都能包容，认为短处与缺点是规律使然，实属正常。于是你就怎么样？你就会一直处在幸福之中，感受到周围人的可爱，同桌很可爱，同班同学都很可爱，尽管有毛病，但他很可爱。所以当你爱别人的时候，别人才觉得你这个人挺好，跟谁都挺好，这难道不是为了自己的幸福吗？

各科老师都有短处，这是毫无疑问的，但是咱挑他长处去爱啊！你觉得老师可爱啊，跟他关系越来越好，他长处越来越长，你反倒觉得他短处也逐渐变得可以接受，短处也挺可爱了。就是这样的，你爱人家、爱社会、爱集体的时候，实际上是爱了咱们自己。

每个学生都充满了爱心，生活在爱心中的时候，我说你的日子多幸福啊，活在春天，只能爱春天，这么干旱，这么大风，总去想它的不好多傻呀！你爱夏天，夏天还没有来，你爱冬天，冬天已经过去了。这会儿只有春天，你还不爱春天，你等于首先自己失去了幸福。那么今天下雨了，你只能爱下雨天：挺可爱，我打着雨伞，空气更清新了。这样想心情不是更快乐了吗？天晴了，挺可爱，天热了，挺可爱，这样的天气可以锻炼我的耐热能力了，首先自己占到了便宜，何乐而不为呀？

所以我说，培养孩子的爱心，实际上是给予咱孩子最多幸福的一种方式。就生命而言，你活在小学爱小学，活在初中爱初中，活在高中爱高中，活在大学爱大学，这样一来，你总是生活在幸福与爱里面。你的每一个人生阶段都是当下最好的，是充满爱并带给你最大幸福感的，那么我们的一生不就由一个接一个的幸福连接而成了吗？

我在家长会上多次向家长建议，我说建议咱一定引导咱们的孩子，看咱们所生活的这个时代的光明面、可爱面，挑优点、挑长处、挑优势，让孩子爱起来；找咱们中国社会，找咱们本省本市本地区的优势的、好的一面，让孩子爱起来。空间上爱我们生存的国家，爱一省市县乡村；时间上爱我们生存的每一个历史阶段，活在社会主义初级阶段，爱初级阶段；活在每一个年代，活在童年爱童年，活在少年爱少年，活在青年爱青年，活在壮年爱壮年，活在老年爱老年。我说你看这样孩子也幸福，咱也幸福。不看每一段的劣势，劣势肯定有。你爱优势，发展优势，增长优势，巩固优势，不动摇，不懈怠，不折腾，优势才会越来越多。爱心越来越多，那么劣势常常会逐渐减少，至少减少一点儿,至少改变一点儿。然后爱咱们周围的人,活在工人家庭,使劲爱工人家庭;活在教师家庭,爱教师;活在警察家庭,咱就爱警察;当然活在官员家庭,咱就爱官员家庭,但也别有优越感。都是以平常之心去爱,活在普通中学,爱普通中学啊;活在这个班级爱周围的人,爱自己的同桌,爱不同性格的课任老师。一旦学会这种思维方式的时候,给人家挑长处,给老师挑长处,给同桌挑长处,增加自己的爱,这个孩子不由自主地,自己幸福了,别人也欢迎他,他一辈子必会是个幸福的人。

所以,如何保证孩子的一生幸福,爱心是根本。

二、善行昭示品质

陶继新:听您谈爱,我可以深切地感觉得到爱的博大,这几乎是全方位的爱。

世界和平,世界大同,是我们地球人共同的心愿。而爱心、善行恰恰是世界和平的基本要素。让我们的孩子从小种下爱心善良的种子,让孩子从小明白仇恨、武力永远不能化解仇恨,解决问题。只有爱心、善行才能化解仇恨,解决问题。让孩子明白爱是拥有的最强有力的力量,它是治愈心灵创伤和保卫我们这个地球的最佳武器。如果这个种子在孩子心里培植好了,那么它会生根发芽。而且爱可以扩展,可以延伸。这样社会上向善的人越多社会就越和谐。

曾看到这样一个小故事。一个古巴的小男孩,漂洋过海来到美国,一无所有地跟着自己的父亲在美国闯荡,父亲没有教给他什么,只是送给他祖上留下来的四个字:"日行一善。"在很长的一段时间里,小男孩无论做什么,都是尽己所能地去帮助别人,比如说帮助一个老大妈过街,帮助一个走失的孩子找到自己的妈妈。等到长大一点儿以后,总是在工作之余去帮助别人。

后来，这个男孩成为了美国商务部的部长，他的名字叫卡洛斯·古铁雷斯。当别人问他怎样取得如此成就的时候，他说："一个人的命运，并不一定来自某个惊人之举，更多的时候，都取决于他在日常生活中的小小善行！"

从上面这个小故事可以看出：爱心、善行是一种赋予思想以活力的情感，而这种情感能发出无穷的能量。

小男孩的父亲没有给他更多的说教而是把做人的根本告诉他：在爱中孕育而生的思想，其生长规律才能把"善"注入到外部显现中，因为只有善才能赋予永恒的力量，才会所向披靡、战无不胜。

魏书生：是的，爱的内涵是很丰富的，爱的外延是很广的。

陶继新：《论语》里关于爱人有这样的一段问答。孔子有一个学生叫樊迟，樊迟问仁，孔子用四个字完美地诠释了仁的定义——"仁者爱人"。对人要有仁爱之心。这跟孟子的理论有异曲同工之妙。孟子说："老吾老以及人之老，幼吾幼以及人之幼。"在赡养孝敬自己的长辈时，不应忘记其他与自己没有亲缘关系的老人；在抚养教育自己的小辈时，不应忘记其他与自己没有血缘关系的小孩。这是对一个生活在群体之内的人所提出的要求，不仅仅爱自己的家庭，同时要将爱辐射给更多的人。唯有如此，才能拥有更高的人生品位。而且当一个人爱更多人的时候，也会有一个回响，虽无所求，却于无意间收获了他人的爱。当你不爱别人的时候，别人或许会爱你，但是这种爱会因为入水无声而失却了它原本应有的激情，而你错过的却是生命中最美丽的一种体会。而且还会因为你的不爱，而使自己非常痛苦。

所以，父母在培养孩子充满爱心的时候，其实就是给了孩子一种掌握幸福的能力。

我所采访过的全国十佳少年黄思路，就是一个非常有爱心的孩子，同时她也是一个非常乐观非常幸福的人。在这里，让我跟您分享一些她的爱心事例。

思路上小学一年级时，隔壁幼儿园的一位小朋友得了白血病，学校号召大家为他捐款。多数同学捐的都是两三元；黄思路却要捐 150 元，相当于妈妈一个月的工资。妈妈与她商量，可否少捐点儿，几十元也可以。黄思路感到很吃惊，像看陌生人一样看着妈妈。一向救危济贫的妈妈，怎么这样小气了呢？在她看来，与治病要花的钱相比，150元少得可怜。妈妈没有再反对，那个生病的孩子需要钱，自己的女儿需要学会爱。这笔钱花得值。当黄思路拿出这150元捐款的时候，她像平时交几元的学费一样，感到十分的自然。

1998年为抗洪救灾捐款，思路又捐了200元，但她要求老师一不要公布她捐的钱数，二不要表扬，因为她认为这都是她最最应该做的事情。

在上学期间，黄思路把各种奖金、奖学金、稿酬都记在电脑的记账本上。小学阶段，她已经向贫困的孩子与老人捐出了一万多元。她一直默默地捐助着几个孩子上学，每个学期开学前，她都悄悄地赶到银行取款，又匆匆地赶到邮局汇款。这种爱心与善举，对其一生都是一笔了不起的精神财富，是超越于万元钱款的无价之宝。

黄思路常常跟着妈妈，骑一个多小时的车子，到山里一家盲人院去探望那些素不相识的盲人，给他们送去温暖与爱心。

福州北郊有个儿童村，那里住着70多个孤儿。得知这一消息后，她们母女便决定骑车前去看望那些孩子们。路途较远难行，车子坏了三次，修了三次。但此行黄思路所获得的收益，却是前所未有的。那些孩子以天真和诚挚欢迎黄思路母女的到来，黄思路也将自己的100元稿酬捐给了儿童村。时值冬日，黄思路发现孤儿们收到捐赠的衣服不少，但鞋袜却少得可怜。黄思路一回到学校，便写了一份题为"冬天就要到了，我的脚好冷"的倡议书，她还召集大队部扩大会议，让所有的大队委和与会人员在倡议书上签了名。她把用电脑打印的几十份倡议书贴到各个教室后，第二天就收到了200多双鞋子和700多双袜子。那天她忙到很晚才回到家，见到妈妈的第一句得意之语便是："一派丰收景象！"次日，同学们决定将这些鞋袜送到儿童村去。但由于汽车小，只能有一半的同学可以坐车，其余的同学骑自行车去。按规定，女生坐车，男生骑车。那段路十分难走，黄思路还生着病，但她却执意要骑车为男生带路。近两个小时的路上，黄思路忘了自己是女孩子，也忘了自己是个病人，与男生一样，骑得飞快，路边洒下他们一阵阵愉快的歌声和笑声，惊得一群群小鸟倏然飞起。同学们到了儿童村，送上鞋袜，便与孤儿们欢快地打起了腰鼓，愉快地玩在了一起。直到很晚，他们才踏上归程。妈妈认为黄思路一到家肯定累得马上倒在床上，岂不知她哼着小曲踏进大门，笑着讲起这次儿童村之行，竟连"累"的影子也没有。

  此后，黄思路便与儿童村结下了不解之缘。再后来，儿童村迁到了离黄思路家只有两公里的地方，黄思路更是每周都去，星期六与星期天干脆住在儿童村，与他们一块儿下地干活儿，一块儿说笑话讲故事，并教他们英语、电脑与钢琴。孤儿们头上的虱子不声不响地爬到了黄思路的头上，她害怕这些蠕动着的小动物，回家后马上洗头。但一到儿童村，虱子便又跑到她头上。有时一天连洗好多遍，还难以将这些小动物歼灭。不过，她顾不了这么多了，她太爱这群孩子了，她盼着星期六的到来，甚至星期五放学后便直奔儿童村。她离不开那群孤儿，那群孤儿也离不开黄思路姐姐。

  1997年暑假，我们山东教育社与《齐鲁晚报》、山东教育电视台请来了儿童村的孩子们，几十个孩子从南国福州风尘仆仆地赶到了齐鲁大地，并进行了一次意义深远的"绿荫"夏令营活动。黄思路因学校有节目难以随行，但节目演完之后，她便独自一人赶到山东，与这些孤儿一起踏上了"绿荫"夏令营活动的征程。黄思路依然与孤儿们吃住在一起，黄思路是他们的好姐姐、好朋友，与他们形影不离，情同手足。那份亲情与美好，给山东的人们也留下了一份永难忘却的印象。

  在"绿荫"夏令营活动半年前，我还策划了一个"全国十佳少年齐鲁行"活动，全国十佳少年黄思路、孙岩、车亮、孟娜及其家长专程到山东省一些地方，讲述他们的动人事迹，将十佳精神播撒到齐鲁大地上。此前，黄思路收到过山东许多学生的来信，其中一个叫程美丽的女孩，就在这次齐鲁行的第一站滨州。那里有个还不富足的阳信县，阳信县有个西程子坞村，是一个比较贫穷的小村庄，在一个茅舍旧屋构成的院落里，住着程美丽与她的父母和弟弟。

第二章　充满爱心

黄思路要去看看程美丽，这是一个与黄思路书信往来而又不曾谋面的失学女孩。她迫于生活上的压力，已经打工做了保姆。得知这种情况，我们也都一块儿去了。程美丽得知黄思路要来的消息，彻夜未眠，她一针一线亲手织成的白色手帕，容载了太多的感激之情与深厚友情。她含着眼泪将手帕送给黄思路，也流着泪水与黄思路拥抱。黄思路打开随行的箱子，将衣物、文具等送给美丽，并取出500元钱交给程美丽，让这个失学的女孩去圆那个上学的美梦。程美丽哭了，黄思路与程美丽的妈妈也哭了，在场的人们都哭了。一份真情，一片爱心，就在这个穷困的院落里似溪水般汩汩流淌，流到每一个人的心里。

1999年春节后我专门去福州，再次采访黄思路时，与一位面目黝黑、身强力壮的山东青年不期而遇。他原是莱芜一个中学毕业后在家务农的孩子，名叫逯红星，自幼父母双亡，与孤苦伶仃的奶奶相依为命。不料奶奶又去世了，他成了孤儿，中止了高中的学习生活，在家干了几个月农活儿，实在无法维持下去了，便循着黄思路回信的地址，只身来到黄思路的家。他没有勇气请黄思路给找个工作，他又确确实实是到这里来碰碰运气的。黄思路收到过他的两封书信，电脑里有这个孩子的"档案"。怎么办呢？以前遇到过不少困难求助者，黄思路捐出了许多钱，也回过不少信。但也有借机欺诈者，她上过当，也付出过不小的代价。不过，这个孩子友善中透出质朴，拙于言谈而又难以启齿。黄思路与父母决定帮助他，爸爸给他联系了一家印刷厂，这个孩子成了那里的一个优秀工人。今天，他是抽空来到黄思路家里学习电脑的。依然带着羞涩，依然不多言语，但一提起他落脚于福州的事，他的眼里便蓄满了泪水："是思路和她的全家给了我新的生路与希望，我一辈子也报不完他们的恩情。"一行热泪在他那黝黑的脸上无声地流淌，令我怦然心动，颇有一种他乡遇故知的感受。

那天我们共进晚餐，他正坐在我对面，突然间，他情不自禁地偷偷笑了起来，搞得我莫名其妙。他一边说着"对不起"，一边看看黄思路的全家人说："人家都说我掉到蜜罐子里啦！"原来，这里成了他的家，他可以随时到这里吃饭、洗澡、学电脑，农村人的纯厚质朴与黄思路全家人的善良单纯，早已融会在一起。

黄思路对我说，我们应当友善地对待世人，我们也应当真心地去爱人们。对人友善使我感到欣慰，付出爱使我感到愉快。

当她不断地用这样的真心去爱别人的时候，她不仅是最受同学喜爱的学生，在整个学校里，也是数一数二的品学兼优的好孩子，学校当时给她的评语就是全面发展，品学兼优。

黄思路因为拥有这份爱心，所以她每天是很幸福很欣慰的。当她慢慢地从孩子们的身上看到因为自己的付出而悄悄发生的一点一滴的变化时，看到孩子们脸上幸福的笑容时，就不仅是她在付出爱心了，而是收获了无数个孩子给予的爱心。在这样的心态下学习时，对于知识的理解或许就与原来那个简简单单、埋头读书的学生不能同日而语了。

第四届全国十佳少先队员中有一个叫孟娜的女孩，父母是清洁工。这样一个家境有些贫寒的女孩，却因巨大的爱心引发出一场场爱的传递。小时候的孟娜乐观向上，品学兼优，过着平常的小学生生活，但三年级的一次"小黄帽夏令营"活动改变了她的生活。那一年，她作为营员到达岫岩县考察。眼前的情景把她惊呆了：那光秃秃的大山，不要说果树，连草都极少生长；矮巴巴的茅屋进去之后不敢站直身子；破旧的校舍，窗户上的塑料纸被风吹得呼啦啦直响；一群身着补丁衣服的山里孩子畏缩着直往后退，倒是他们的脚趾头争先恐后地从鞋子的破洞处紧往外钻……小孟娜的心情顿时沉重起来。望着旁边的小女孩，她脱下脚上的新袜子，掏出了口袋里的花手绢，默默地递上去。小女孩一迟疑，随后飞快地接过去，很珍惜地放进了书包里。同行的同学们也纷纷把自己带来的东西送给了山里的孩子们。

当时，孟娜突然产生了一个奇怪的念头：要是自己是济公多好，扇出许许多多的钱来，送给大山里的孩子们。

从岫岩归来，孟娜就响应号召，把家里能翻出的衣裤都翻了出来，包括爸爸妈妈的，还有自己一套准备国庆节游园穿的新衣裤也都打进包，捐给贫

第二章　充满爱心

困地区。她还在有口袋的衣物里装上字条，盼望和他们交朋友。十多天后，孟娜真的接到了来信。是一位岫岩县某乡村小学六年级的刘玉岩。两人从此交上了朋友，孟娜经常给刘玉岩姐姐寄钱、衣物、学习用具等。后来孟娜还随捐助团到了刘玉岩的学校，两个人抱着喜极而泣。孟娜下定决心，要资助刘玉岩姐姐到底。

刘玉岩小学毕业后，因为家里有上大学的姐姐和念小学的妹妹，家庭贫困，刘玉岩被迫辍学了。她在给孟娜的信上说："我很想再上中学，我还擅长体育，曾获县里中长跑第二名的好成绩。"孟娜觉得刘玉岩姐姐失学太可惜了，便想把她接到家里来住，并帮助她上市里的体校。可是这个想法，妈妈不同意，他们全家住在8平方米的房子里，爸妈都是普通工人，供一个孟娜还凑合，再供一个孩子上学太难了。但最后经不住孟娜的"纠缠"，妈妈同意了。很快，刘玉岩成了她家的一员。经过多方奔走，刘玉岩上了市体校，读起了初中。姐姐的到来，使原本拥挤的住房更拥挤了。玉岩每天1万米的运动量，一顿饭要吃5个馒头，不停地训练，一双运动鞋两个月就面目全非了。正赶上妈妈单位拖欠工资，一家的生活之拮据可想而知。但无论如何难，这个家庭还是保证刘玉岩每天两个鸡蛋，以维持她的训练。孟娜再也没吃过水果，十个手指头经常爆皮，医生说是缺少营养。春节，孟娜也没买新衣服。过生日的时候，妈妈给煮了6个鸡蛋，让两个孩子一人3个，而孟娜只吃了一个，其余的全给了姐姐。

清苦的生活，孟娜却丝毫不以为苦，反而写了一篇《我是最幸福的小孩》，发表在《中国少年报》上。接着她接到了几千封从全国各地寄来的信，有的给她介绍贫困同学，有的要求资助，有的以为她很有钱要求汇款。孟娜忙活起来，她让自己成了一位穿针引线的使者，帮助很多人结成了手拉手的对子。无数的贫困孩子因此有了希望，而无数的爱心也因此有了着落。孟娜自己仍然倾尽全力地帮助着更多的人。并因此当之无愧地当选为十佳少先队员，感动了全中国的少年儿童及其父母。

我见到的孟娜活泼开朗，无忧无虑，就像一个总是给人带去快乐的小天使一样。从她身上，我更加清晰地看到去爱他人的力量带给施者本身的滋养和幸福，也更加验证了施比受更幸福这一真理。

魏书生：人们在付出自己的爱心的时候，他的幸福感增强了，他看待世界的眼光友善了，他更热爱生活了，自然更热爱学习了，所以他的效率高了，自然成绩也就好了。这就是一个良性的循环。所以，家长们千万别以为让孩子去爱别人就是吃亏的，殊不知，这是最占便宜的事，是双赢、多赢、全赢的事。

陶继新：爱是人的天性，是从心里深层流溢而出的美德。爱心是自然的，又是博大的，多元的。充盈爱心的人，可以随时发现可以播撒爱心的对象，而且随时都会想出奉献爱心的方法。爱是神圣的、无私的，它不祈求报答，只有奉献！也正是这种奉献，使世界充满了美好，充满了希望。这种宽广的爱心，净化着我们的社会环境，提升着人们的精神素养。

魏书生：人的幸福，主要不是取决于自己得到别人多少爱，而在于他输送给别人、输送给国家民族、输送给天地宇宙多少爱。得到别人许多爱，却不知道爱别人的人，一定是一个欲壑永远填不满的失望者、牢骚者、病态者。用自己全身心爱过别人、集体、国家、世界的人，即使从别人、集体、国家、世界那里得到的很少，在心理上也是安宁、满足、自豪、幸福的。索取不是爱，奉献才是爱。因为你不想索取，你就永远不会有索取不到的痛苦；因为你总想奉献，你就无论何时何地都能享受到因奉献欲望得到满足而产生的幸福。

您刚才提到的孩子们就是在爱、在奉献中体会到了真正的幸福。

三、爱人亦需爱物

陶继新：您刚刚说到的爱，不仅仅提到了对于人的爱，这种爱也辐射到自然界的万事万物，一切可见不可见的。植物值得爱吗？值得。动物值得爱吗？值得。

说到这里，又使我想起我采访过的另一位被称为旷世奇才的孩子——老咪。老咪4岁做诗，8岁出版了她的第一本诗集，12岁出版她的第二本诗集。老咪对于动物的爱已经渗透到她的整个生命中，她认为所有的动植物都和人类是一体的。而老咪这种在生命本源上的连接感的建立，这种由爱组成的悲悯感的形成，离不开老咪爸爸王辉湘的从小引导。

老咪的爸爸认为一个人学习与事业的成功与否，往往与其思想情操的高下密切相关，思想情操甚至起着决定性的作用。所以在孩子的成长教育过程中他便特别注重老咪美好品德的培养，使老咪的思想素质全方位地得以提高。

王辉湘的思想教育不是空洞的说教，而是结合老咪的性格特点和生活实际，进行自然而然的爱心教育，尤其是从爱父母、爱师生，甚至爱动植物与世上万事万物开始，使其成为充满爱心、关心他人、关心集体、同情弱者的人格完善的人。

想让孩子爱心永驻，首先家长要有爱心，这样才能在潜移默化中产生作用。这种爱的教育，王辉湘从老咪刚刚出生就开始了。老咪出生时窒息昏迷，没有哭声，在医院保温箱里生活了半个月。王辉湘为挽救这个小生命，全力以赴至心力交瘁，但他相信老咪可以活过来，相信老咪能够健康地成长。王辉湘的爱心与努力产生了奇迹，老咪度过了危险期，而且长得越来越健康，与爸爸的感情越来越深厚。老咪上幼儿园时，便写了一首充满着感情的诗《童年的根在温箱里》。她读给老师和小朋友听，老咪泪流满面，他们也都泣不成声。因为她从父母那里听到了这段经历，感受到这份伟大的父爱与母爱，铭刻心中，并用这份爱去回报父母与社会。

王辉湘夫妇由于工作紧张，后来将老咪送到了乡下的外婆家。老咪7个月时，王辉湘赶到乡下去看她。当时老咪满身是土，正在地上乱爬。王辉湘心中一阵悸动与不安，马上将她抱起来，用流着泪水的脸去亲她那泥泪交加的小脸。奇怪的是，老咪立刻感受到了这种父爱，一次又一次地亲吻着王辉湘，并形影不离地跟着他。王辉湘不容分说，将她抱回济南，工作再紧，他也要每天见到自己的女儿，每天给她父爱，每天感受女儿所给予的最美好最动人的爱。

　　王辉湘教育老咪不仅要爱自己的父母，而且要爱自己的老师和同学。老咪理解了爸爸的话，爱自己的老师如父母，爱自己的同学如兄弟姐妹，特别是一些有困难的同学，她所给予的爱更是无以复加。老咪有一位同学叫张M，妈妈到了美国一去不复返。张M过生日时，老咪专门去庆贺。夜晚，张M的爸爸迟迟没有归来，只有这一对小朋友倾诉着爱心。她俩划了一根又一根的火柴，都没有点燃起生日的蜡烛，划到一盒火柴的最后一根，方才如愿以偿。两个人抱头痛哭，十分伤感。老咪为张M写了许多诗，如《杏树——写给旧友张M》、《想念M》等。

　　上学第一学期，老师因老咪回答问题积极与作业完成得好，给了她许多红五星，以示鼓励。她珍惜有加，一一贴在日记本上。9月10日教师节前，她将对老师的一份敬意与爱心，写成一首题为《星星里的爱心》的诗，并在庆祝教师节的全体师生大会上朗诵：

　　　　天空是一张白纸
　　　　老师发给我的红五星
　　　　我就挂在那里
　　　　红五星每天都在发光
　　　　它的光亮比太阳的光亮还要温暖
　　　　温暖得就像妈妈的胸怀
　　　　在红五星里面
　　　　可以找出多少份爱心呢
　　　　那些爱心每天都在散发
　　　　就如鲜花的芳香一样

全体老师听后都惊讶不已,也激动不已。

一个刚入学的小女孩,将老师对她的无私的爱心与关心,以及她对老师的一份真诚的爱,珍藏在心底,也流溢于笔端,似自然流淌的水,情真意切。

老咪的爱心还辐射到动植物身上,并将它们视作有生命、有感情、有灵性的东西,同情它们,爱护它们,关心它们。她从来不吃小猪、小乳鸽、小兔子等小动物,因为她认为吃这些东西简直是一种残忍的行为。

一天夜晚,老咪睡意蒙眬中听到外边传来猫的声声凄厉的哀嚎,她感到这是一只没了亲人无家可归的猫的哭叫,于是披衣而起,走到窗前,站了许久许久,为那声音流出许多泪水。她觉得自己也成了一只没了家室、失了亲人的孤独的猫,四处流浪。老咪爱猫,就像爱自己的生命。她家养过许多猫,她目睹了每一只猫的出生。小猫出生后发出的第一声叫声,总让她格外开心,就好像与它们一样开始了人生新的起点。

即便植物,老咪也认为上苍已经赋予其感情与灵性,可以与自己进行心里的沟通。上一年级时,老咪住的院子里有许多耸入天际的白杨树,她每天放学归来,都要用温柔的小手去抚摸它们,并跟它们说悄悄话。突然有一天,在她放学归来时,亲眼目睹人们为了盖房子砍伐了一排白杨树。她惊呆了,跪在地上,一棵又一棵地去触摸那倒地而又无声的树。她万分悲痛,摸完之后便坐在那里流泪,思考,并一行又一行地写着诗句:

木匠的斧再锋利
砍掉了你的树叶
锯断了你的枝干
可是却砍不掉你一圈圈积累下来的年轮……

在她看来,如此残酷的事情,却由人类去执行,这是一种悲哀。人们爱人,也要爱及万物。只有充满爱心的人,品德才能高尚。王辉湘为老咪的爱心而愉快,而且不断地悄悄地使她这种爱心向深处、远处延伸。

正是因为老咪有这样一份博大的爱心，使她成长为一个满溢着爱的幸福之人。老咪现在已经在英国伦敦政治经济学院读完人类学硕士研究生，正在西安读博。2010年，我们通过QQ对话，用了20个小时完成了一本书，被称为谈"道"的一本书——《跨越中英两国的教育机智——陶继新与老咪的心灵对话》，很多读者都非常喜欢。

老咪认为，当自己爱人、爱物的时候，自己在付出爱的时刻才更加感受到自己活着的或是存在的意义，任何人如果不能拥有这份爱心的话，将是多么遗憾啊！

当我跟一些有爱心的孩子接触的时候，我会发现，施与爱绝非只是成人的专利，爱是人本身具有的深藏心中的最美好的情愫，会在任何的年龄生发出来，并散播出去。当爱的情感变成一种爱的行动的时候，可以使无数人为之受益，而幸福感则同时降临于施与受者。

我刚才提到的这几个孩子，我采访他们时他们年纪还小便已崭露头角，如今他们都已经长大成人，也成为了在社会上非常优秀而独立的人，并且都在用自己的方式回馈着社会。可见，当孩子从小在一种爱心的环境中长大，从小体会付出爱心的幸福，他们便能够将这种品质和幸福感延续下去，甚至越久越浓。

所以，对我们自身来说，要有爱心；作为家长来说，不但要自己有爱心，同时还要教育我们的孩子也有爱心。当整个社会都充满爱的时候，那这个社会将更加祥和，更加和谐，人们生活在爱的付出与收获中，幸福感怎么可能不油然而生呢？

魏书生：爱别人的时候，其实自己也成长起来了；爱别人的时候，也得到了别人的爱。

第三章　学做真人

生命不可能从谎言中开出灿烂的鲜花。

——海涅

没有诚实何来尊严。

——西塞罗

陶继新：家长在教育自己孩子充满爱心的时候，还有一个需要注意的问题，就是教孩子学会真诚。没有真诚的爱心是伪善，可以说，真诚是爱心的前提。陶行知说过一句话——"千教万教，教人求真；千学万学，学做真人"。说的正是教和学的要义之一，就是要"真"。

魏书生：从小学做真人，长大之后，才能成为一个真诚的人。

一、人无信，无以立

陶继新：现在有的小孩很小，就不太真。本来童心都应该是天然的、无污染的。他们为什么会这样？因为父母不真诚，有的父母在处理某些事情时认为欺骗人是很正常的，甚至对于自己的欺骗行为沾沾自喜。所以，父母在教育孩子充满爱心、学会真诚时，自己首先得是个有爱心的真诚的人，因为你内心有的东西你才能给予孩子。有的父母教育孩子在众人面前要表现得懂事，识大体，结果私下里又告诉孩子另一种选择。显然，这种行为是一种伪善，是不真诚的。可悲的是，这样的父母并没有意识到，自己的这种行为为自己的孩子埋下了一颗多么危险的种子。当一个孩子不真诚的时候，他接下来的人生会充满坎坷。

《荀子·非十二子》中说："耻不信，不耻不见信。"《论语》中有这样一句话："与国人交，止于信。"周敦颐在《周子全书·通书·诚下》中倡导："诚，五常之本，百行之源也。"说的都是关于真和信对人的益处和重要性。现在社会上功利浮躁之心蔓延，虚伪、假的东西太多。假，好像特别适合在我们的土壤中茁壮成长。假烟假酒假奶粉，假书假药假服装，假情假意假朋友，假山假水假风光。如果说，对于这些"假"，我们已见惯不惊的话，那么，真心希望我们的父母在孩子心灵空白时少一点儿"假"，多一点儿真诚。因为孩子是模仿的高手，而且越小的孩子，越是以模仿作为学习的主要方式。在孩子的成长过程中，看到最多的是父母的行为，听到最多的是父母的言语，你如何为人处世，孩子会在你来不及掩饰前收为己用。

孔子说："人而无信，不知其可也。"（《论语·为政》）一个人如果没有信用，那就不知道他可以做成什么了。当一个人的真诚失掉之后，等于斩掉了树木的根基。一个人如果对谁都作假，都是不说真话的时候，别人是不会真诚待他的。那么日久天长，他就会感到，周围的人、周围的世界都是不可信的，都是靠不住的。这样就等于他给自己编了一个大大的充满着虚伪和敌意的网，并使自己深陷其中。结果是害人终害己。

中国香港著名的企业家李嘉诚先生也曾经就自己多年经营长江实业的经验总结道："做事先做人，一个人无论成就多大的事业，人品永远是第一位的，而人品的第一要素就是诚信。"因为诚信是一种"长期投资"。诚信是植根于一个人灵魂深处的价值观的一种。对中西文化交流作出重要贡献的靳羽西女士在谈到自己"十大成功之道"时，也把"百分之百的诚信"列为重要的一项，她说："我在中国见到过很多曾被认为是非常成功和富有的人，但他们最终都一个个进了监狱，因为他们欺骗了公众和政府。只有那些真正诚实的人才是最受人钦佩的。"从长远的眼光看，所有的欺诈，最终在诚信面前都不堪一击。

看来，真诚守信的商人，往往能赚大钱，走得更远。那些不真诚的、欺骗人的人，他当下可能能赚点儿钱，但是走不远。他不真诚的时候，迟早有一天会垮台。所以，不真的话，你不仅仅是害别人，实际上也害了自己。

魏书生：整个国家、整个社会、整个人类是朝着有利于有真才实学、干真事的人的方向发展的。即使目前，我们也还是欢迎有真才实学、能干实事的人到自己单位工作。人们也是喜欢与真诚守信的人做朋友的。

陶继新：是的。做家长的，能够教导孩子做真人，行真事，其实也是给了孩子一个干净信实的世界观。我们中国有句俗话："善有善报，恶有恶报。"就是在讲大道运行的信实原则。这种报或许不是眼前就兑现的回报，有可能是在其他的时间、其他的空间甚至是不同的人身上表现出来。《周易》坤卦上说："积善之家，必有余庆；积不善之家，必有余殃。"讲的正是这个道理。自古至今，也有很多这样的例子，给我们不断的启示。

清朝时，苏州吴县有个叫蔡嶙的商人，以重承诺、讲信义著称。有位朋友把千金寄存在他家，没有留下任何凭证。不久，这位朋友病故了，蔡嶙就把朋友的儿子叫来，交还这笔重金。朋友的儿子不愿平白无故地接受这千金之资，便说："没有这回事，这么多的金子能没有个字据吗？再说，家父生前从未对我提及这件事。"蔡嶙听了，笑了笑说："字据在我心里，不在纸上，这是因为你父亲了解我的缘故，所以他没告诉你。"

  汉朝的开国功臣韩信，幼时家里很贫穷，常常衣食无着，他跟着哥哥嫂嫂住在一起，靠吃剩饭剩菜过日子。小韩信白天帮哥哥干活儿，晚上刻苦读书，刻薄的嫂嫂还是非常讨厌他读书，认为读书耗费了灯油，又没有用处。于是韩信只好流落街头，过着衣不蔽体，食不果腹的生活。有一位为别人当佣人的老婆婆很同情他，支持他读书，还每天给他饭吃。面对老婆婆的一片诚心，韩信很感激，他对老人说："我长大了一定要报答你。"老婆婆笑着说："等你长大后我就入土了。"后来韩信成为著名的将领，被刘邦封为楚王，他仍然惦记着这位曾经给他帮助的老人。他于是找到这位老人，将老人接到自己的宫殿里，像对待自己的母亲一样对待她。

  两个讲诚信的形象，多么鲜活生动，感人至深！还有很多类似的故事，这些故事时刻提醒着我们诚信对于一个人的重要性，诚信对于一个人一生的影响，什么才是人的立身之本。而一个人若从小就养成了诚信的习惯，从小就以做真人为标准，那么他的终身都会受益。

二、得事实，求真是

  魏书生：我几乎所有的讲课，总也离不开我始终坚守的"民主"加"科学"，一靠民主，二靠科学。民主是以人为本，追善；科学是实事求是，按规律办事，求真，民主科学的结果就是美。

  做真人，就是要实事求是。多干实事，少说空话；多琢磨事，少琢磨人。

  家长在教育孩子的过程中，尤其要注意实事求是。我认为，教育中的实事求是就是因材施教，而很多教育失败的例子，通常也是因为没有能够因

"材"施教的原因。

柳宗元曾经写过一篇题为《种树郭橐驼传》的文章。说在长安城的西边，有个丰乐乡。丰乐乡有个叫郭橐驼的人，专以种树为生。他种的树不仅体形优美，枝繁叶茂，而且种下的或移栽的树没有不成活的。长安豪家富人争相购买他的树苗。有人向他讨教种树的秘诀。郭橐驼回答说："并不是我有什么神秘的本事使树长得茂盛，我只不过是顺着树的天性，导引枝条而使其天性得以充分发挥罢了。树种上之后，恰当调整之后，便不去动它，也不为它担忧。可是别的种树人却不是这样。他们爱之太殷，忧之太勤，早晨去看看它，傍晚去摸摸它，自己想怎样弯就怎样弯，想怎么曲就怎么曲，全然不顾小树之天性。这样名为爱它，其实是害它。"

揠苗助长的寓言在中国几乎家喻户晓，但有的家长还是想拔苗，想造出一个神童来，结果只能是违背规律，害了孩子。

现在早教的概念非常泛滥，而且基本都承诺会把孩子教成天才。人确实是有天赋才能的，但这种才能却可能是各种方面的，而非统一的模式。但是，很多家长在这点上脱离了"真"，完全被自己急功近利的想法所左右，而不再实事求是，因材施教，反而毁了孩子。

赛达斯，曾经一度为美国新闻媒体大吹大捧的超级神童。他6个月时会认英文字母，2岁时能看懂中学课本，4岁时已发表了3篇解剖学论文，12岁时破格进入哈佛大学，14岁因患精神病进入医院，21岁成为一名极普通的商店店员。

为什么一个超级神童最终患上精神病而成为极普通的店员呢？

这得从赛达斯的父亲——原哈佛大学心理学教授说起。这位教授很重视早期教育，认为人脑和肌肉一样可以按计划试验变得发达。

赛达斯一出世，父亲就在他的小床周围挂满了英文字母，并不断在他身边发出字母的读音。随后，这位教授又用各类教科书取代了儿童玩具。这样一来，赛达斯从小就被各种几何图形、地球仪和多种外国语言包围着，整个婴幼儿期成了他苦读的时期。试验的初期结果确实令人吃惊，小赛达斯天资聪颖，知识面广，在不少领域有自己独到的见解。但是过度地教育使小赛达斯过早成熟，而且过多的压力使得他的神经系统开始失常，他经常在不该笑的时候咯咯傻笑，到14岁时不得不进入精神病院进行治疗。后来尽管他以优异的成绩从哈佛大学毕业，但已讨厌这种神童的生活，他不仅对父亲的试验产生反感，而且对整个世界产生反感，而热切渴望过普通人的生活。不久，他离家出走，更名换姓而成了一名普通店员。一代神童就这样悄然消失。

重视早期教育，这是应该的。我曾经为一本介绍如何进行早期教育的书写过序言：对个别成熟早的孩子，教育要跟上。智力上的早熟也有点像身体上的早熟，个别的孩子七八岁就有七八十斤重，身高就长到一米四五。这样的孩子饭量自然比同龄的孩子、晚熟的孩子要大，倘若按照一般孩子的食量去限制他，孩子自然吃不饱，发育不良。同样的道理，有的孩子智力发育早，可以适当地比同龄孩子多学一些文化课，倘若学习的知识量不适应他智力发展的需要，他过剩的智力或者用于学无用的东西，或者受到压抑，同样不利于孩子的成长。不管怎么说，智力和身体明显早熟的孩子都属于特殊现象，百里挑一，或者更少。硬要通过外界的努力，大人的教育，催促孩子早熟的做法，恰如揠苗助长。

赛达斯无疑是一个早熟的孩子，他的父亲对他进行一点儿超常教育是完全应该的。不应该的是，他的父亲希望孩子成熟得要早上加早，对他的教育——也仅仅是知识教育，不断超常规，超负荷，结果违背孩子的天性，终于使孩子不堪重负，酿成了悲剧。

我一直给家长们说，一定要仔细地观察、了解自己的孩子，这样，就能更好地从孩子的基础、潜能出发，来进行切实的教育。如果孩子是早慧型的，不及早教育，对孩子是个损失。如果孩子不早熟，是个正常的聪明孩子，就让他快快乐乐地跟着学校的进度学习。如果孩子属于大器晚成型，在目前情况下，对某些方面的学习就是"不开窍"，家长也无须焦虑急躁，反而要着力于引导其大器晚成也很好。

陶继新：是的，揠苗助长、无视孩子成长规律的悲剧是很多的，在我们的身边也不鲜见。而这些悲剧的发生，都是因为家长首先失了"真"的本色。作为家长来说，你既然希望自己的子女有更好的发展，更加应当在家庭教育当中，自己先做一个真人，让孩子也做一个真人，然后他到了学校里，再有真人教育，那就是家校合一了。大家都成为真诚的、对社会有用的人，他也成了幸福的人。

魏书生： 教育里面如果失了真，那真是贻害无穷，伤者无数了。我在学校的时候，为了培养我的学生要忠实于自己，做真人，我所用的方法是考试不设监考老师，学生自己给自己监考。通过一些跟学生端正思想的谈心，学生们理解了求真是为自己负责，是最终有利于自己的事之后，纷纷响应我的这一号召。后来经过一些训练，我的学生全都能够在考试中自我监督，每个人都认认真真地考试。这样的孩子必然能够扎扎实实学习，长大了才能实实在在地工作。

陶继新： 魏老师，您的做法太对了。的确，现在一些浮夸造假现象是很多的，有时真的令人感到痛心疾首。

有一次我参加了一个论文评奖，评奖的过程中竟然发现有18篇文章都是抄袭的，占了全部论文的8%。而且这一部分人，还大多是大家公认的好老师。面对这样的结果我很感慨，因为作为一个老师也好，一个家长也好，不管是出于什么目的，出于何种原因，在这么严肃的问题上作假，都是在自我欺骗，掩耳盗铃，暴露了其短视、浅薄和无知。

论文评奖造假已经成了不是新闻的新闻，所以，十几年来，我几乎不参加新闻评奖，尽管自己写了那么多的新闻作品。为什么呢？一是不愿意与那些造假的作品混在一起；二是觉得真的没有多少意义与价值。有的人得了一个又一个的大奖，可是，其水平的确令人难以恭维。我认为，最有价值的，是不断地提升自己的思想与文化品位。可是，人们往往舍本逐末。当下尽管有了些许荣誉，可给自己的心灵留下的是什么呢？20多年的编辑、记者生涯，最令我感到欣慰的是，读了一些好书，留下了纯然属于自己的500多万字的作品，在全国作了500多场报告。所以，退休对我而言，更加充实，更加幸福。如果这些年来我只是关注那些虚幻的东西，就没有今天的生命状态。从这个意义上说，造假者得逞一时，失利一生啊！

地产大亨潘石屹对求职者说："你可以说错话，但永远不要说假话。"我曾经看过一本李开复写的《做最好的自己》，他在书中谈到这样一个问题：在美国，中国学生的勤奋和优秀是出了名的，一度曾经是美国各名校最欢迎的留学生群体。而最近，却有一些学校和教授声称，他们再也不想招收中国学生了。理由很简单，某些中国学生拿着读博士的奖学金到了美国，可是，一旦找到工作机会，他们就会马上申请离开学校，将自己曾经承诺要完成的学位和研究抛在一边。这种言行不一的做法已经使得美国相当一部分教授对中国学生的诚信产生了怀疑。应该指出，有这种行为的中国学生是少数，然而就是这样的"少数"，已经让中国学生的名誉受到了极大的损害。另外，目前美国有很多教授不理会大多数中国学生的推荐信，因为他们知道这些推荐信根本就出自学生自己之手，已无参考性可言。这也是诚信受到损害以后的必然结果。

这种行为说明这些学生的学习态度有问题，他们连自己作为一名学生最基本的职责是什么都没有弄清楚、想明白，只因为某些利益的驱使而放弃了自己的承诺，特别是自我放弃了一个人的最为可贵的品质——诚信。

《大学》有言："所谓诚其意者，毋自欺也。"想想一些人，自以为我的不诚信行为无人知晓，还沾沾自喜，其实，"人之视己，如见其肺肝然，则何益矣！""十目所视，十手所指，其严乎！"看来，所有不诚者，都是害了别人，也害了自己啊！

在很多国家，诚信是国民立身行事的前提，也有很完善的诚信监督机制。我想，这是很有必要的，因为当求真、诚信成为一个人的基本准则时，他就可以少浪费很多时间、少花很多心思去琢磨怎么取巧、怎么投机，从而可以用更多的时间和精力去投入真正有建设性的事务中。

魏书生：是的，科技的发展，市场的成熟，社会的健全是一个渐进的过程。现在的中国，已经少了很多改革开放初期的混乱，虽然还有一些假冒伪造等现实，但是随着这种现象不断地被曝光，人们也越来越成熟。当越来越多的人追求真品实事，那些经商者、做官者自然也会越来越去做真品实事，自然诚信就会越来越被接受。我很坚信这一点，所以，家长们也要建立这种远见，多鼓励孩子做诚信之人，等孩子将来长大了，正好赶上诚信社会的成熟，那么他便很容易安身立业，成功成事了。

三、父母信，孩子真

陶继新：家长也好，老师也好，不仅仅要为孩子们建立这种做真人的意识，更要自身求真务实。因为成人是社会的主要建构者，当足够多的成人追真求实的时候，就会形成一定的诚信环境，并使这种环境不断扩大，直至整个国家、整个社会都追求诚信，自然也就为我们的孩子创造了一个有利的、洁净的时代。

孔子的学生曾子本身就是一个很讲诚信的人。有一次，曾子的妻子准备去赶集，由于孩子哭闹不已，曾子妻许诺孩子回来后杀猪给他吃。曾子妻从集市上回来后，曾子便捉猪来杀。妻子阻止说："我不过是跟孩子说着玩的。"曾子说："和孩子是不可以说着玩的。小孩子不懂事，凡事跟着父母学，听父母的教导。现在你哄骗他，就是教孩子骗人啊！"于是曾子把猪杀了，让孩子吃上了猪肉。曾子深深懂得，诚实守信，说话算话是做人的基本准则，若失言不杀猪，那么家中的猪保住了，但却在一个孩子的纯洁的心灵上留下不诚实守信的阴影。

很多的家长会刻意培养孩子的诚信意识，真诚的做人态度。我大女儿给我推荐的一本很优秀的家教书籍《好妈妈胜过好老师》，作者尤其提到她对教育孩子做真人的重视。这位妈妈用您上面所说的"实事求是"来指代，她说这是"比黄金珍贵的四个字"。其中有一部分是这样说的："如果让我为女儿的人生厅堂里悬挂一纸座右铭，给她以一生的指引和护佑，我要写下的就是：实事求是。这四个字如此朴素，朴素得宛如空气，常常叫人淡忘，却是人生中无时无刻不能离开的东西。我们几乎可以从一切值得尊敬的人身上看到这四个字，也可以从一切人格缺损者身上感受到在这方面的缺失。"在对孩子的教育过程中，她更是实践着自己的这一理念："我们从未要求孩子考试成绩达到多少，从不跟别人比较名次，是要她在学习上实事求是；我们绝不强迫她做任何不想做的事，是因为我们愿意实事求是地考虑孩子的心理感受，不追求孩子表面上的服从；我们特别愿意接受来自他人的意见，包括孩子的意见，一家人经常坐在一起开'提意见会'，这让孩子学会用实事求是的眼光看待自己和他人身上的缺点，客观面对，积极改善……"这位妈妈还用这样两句话再次强调了实事求是对于孩子成长的重要性："一个孩子在未来生活中的踏实度，取决于他成长中多大程度上受到实事求是这四个字的影响，取决于他长大成人后的思维方式与这四个字有多接近。实事求是的主要对立面不是虚假，是虚浮——虚荣、浮躁，以及这之下的偏执和嫉妒等——看似小问题，在不经意间流露，却有相当的破坏力。"

　　尤其是这最后一句话，我特别欣赏，作者的分析可谓一针见血。是啊，我们中国人大都爱面子，爱面子的好处是我们可以力争上游，使自己能真正配得上有面子。但是它的负面效应却也是很大的，一方面是把人本身具有的内在的向上的动机转化成为了面子的外在动机，努力的过程将会因为不断顾念别人的看法而充满了疲惫；另一方面也是最致命的，就是把面子看得过重甚至超过一切。如果没办法配得上自己所要的面子的时候，自然就会产生虚幻的期望。为了维护面子，假的、虚的、空的东西便开始出现，为自己织出一幅富丽堂皇的画面，欺人的同时也在自欺，陶醉在这虚幻的海市蜃楼中不能自拔，结果是自食恶果。当家长特别爱面子时，孩子基本就成了牺牲品，甚至也成为家长的一张面子，那么孩子将再也无法自我发展了。

　　这位好妈妈有了对于实事求是的深刻认同，同时对于不实事求是的虚浮有着深刻的剖析和认识，所以她在教育自己的孩子时，便完全是基于实事求是而来的，而孩子的确也因此获得了自尊、自信。其中有一个例子特别典型。因为她的女儿品学兼优，跳级两次，16 岁时就参加了高考，且取得了超过当时清华录取线 22 分的优异成绩，被内地和香港两所名校同时录取。但是她女儿并没上清华，也没去香港上大学，而是在内地选了另外一所不错的大学。后来很多人奇怪，为什么这样呀？这位妈妈在接受一次访谈时回答——

"这就是我的一个价值判断，当时因为北京市是在高考前就要报志愿的，当时以我女儿的成绩，她上清华是有把握的，但是能不能上清华那个建筑学专业是没有把握的。因为我女儿当时就已经确定了，她要学建筑学的，她对建筑学的了解来源于她爸爸，她爸爸就是搞建筑、学建筑学的。我们一查那几年清华的高考录取线，建筑系是清华各个系里面最高的，它得比一般系的分数线，比清华的录取分数线要高二三十分。所以这样我们就有一种担忧了，虽然上清华有把握，但是能不能上建筑系，真的没把握。我女儿觉得很糟糕的一种情况是，自己被清华录取了，可是没有进入建筑学专业，而是被别的专业录取了。后来我女儿说了句非常好的话，她说，大学就伴我四年，但是专业伴我一辈子。哎呀，我觉得这句话说得真好。我后来就跟人说，如果说我教育比较成功，有可取之处，正是孩子的这样一种思维方式，才是真正的成功，并不是说她上清华就是成功。后来我们跟孩子商量以后，就选了另外一所名气虽然不如清华那么大那么高，但是它的建筑学专业也是非常好的学校。我女儿上那个学校的建筑学专业非常有把握，于是第一志愿报的那个，后来如愿以偿地进了那个大学的建筑系。我女儿现在大三了，她虽然功课非常忙，真的比别的专业要忙得多。但她回来跟我说，哎呀，妈妈，我觉得我这个专业真好，我觉得学这个专业真的特别快乐。所以，我觉得我真的给了孩子幸福了，我不要有那么多的虚荣心，非得让她去上清华，上清华是比较成功，但它不是成功的唯一标准。"

从这一点上，我们可以看出这是一位真正懂教育的妈妈，也是一位本身就是一位"真人"的妈妈，当然也培养出了堪称"真人"的孩子。

魏书生：是的，当我们的孩子自然而然地愿意去做真人的时候，其实是因为他体会到了做真人的益处，那么那些浮夸虚假、投机取巧的事对于他就成了一种丑陋的行径。当这种信念建立得越牢固，当面对他人弄虚作假的时候，他就能清晰地意识到这是不符合自己的价值观的，自己没有必要去从这个众。这种"众人皆醉我独醒"的智慧，在现在这个价值化多元复杂的时代是很有必要的，可以使人站得稳，立得牢，行得远。

陶继新：是啊，古今中外，真正活出幸福感的人，都拥有这种"众人皆醉我独醒"的价值取向。这种清明的认知在孩子的心中种下得越早越好，而播种的人首先就是父母。所以父母正确的引导是非常重要的。

美国一位著名的心理学家，为了研究母亲对人一生的影响，在全美选出50位成功人士，他们都在各自的行业中获得了卓越的成就。同时又选出50位有犯罪记录的人，分别去信给他们，请他们谈谈母亲对他们的影响。有两封回信给他的印象最深。一封来自白宫的一位著名人士，另一封来自监狱一位服刑的犯人。巧合的是，他们谈的都是同一件事：小时候母亲给他们分苹果。

那位来自监狱的犯人在信中这样写道：小时候，有一天妈妈拿来几个苹果，红红的，大小各不同。我一眼就看见中间一个又红又大的，十分喜欢，非常想要。这时，妈妈把苹果放在桌上，问我和弟弟："你们想要哪个？"我刚想说想要最大最红的一个，这时弟弟抢先说出了我想说的话。妈妈听了，瞪了他一眼，责备他说："好孩子要学会把好东西让给别人，不能总想着自己。"

于是，我灵机一动，改口说："妈妈，我想要那个最小的，把大的留给弟弟吧。"

妈妈听了，非常高兴，在我的脸上亲了一下，并把那个又大又红的苹果奖励给我。我得到了我想要的东西，从此，我学会了说谎。以后，我又学会了打架、偷、抢，为了得到想要得到的东西，我不择手段，直到现在，我被送进监狱。

那位来自白宫的著名人士是这样写的：小时候，有一天妈妈拿来几个苹果，红红的，大小各不同。我和弟弟们都争着要大的，妈妈把那个最大最红的苹果举在手中,对我们说:"这个苹果最大最红最好吃,谁都想要得到它。很好,现在,让我们来做个比赛,我把门前的草坪分成三块,你们三人一人一块,负责修剪好。谁干得最快最好,谁就有权得到它!"

我们三人比赛除草,结果,我赢得了那个最大的苹果。

我非常感谢母亲,她让我明白一个最简单也是最重要的道理:想要得到最好的,就必须努力争第一。她一直都是这样教育我们,也是这样做的。在我们家里,你想要什么好东西要通过比赛来赢得,这很公平,你想要什么,想要多少,就必须为此付出多少的努力和代价!

从这个故事中,我们可以看到,一个尊重真实、坚守真实的家长和一个只注重肤浅的虚伪的家长,对孩子的影响是多么不同。其实前一个孩子欺骗的行为是很容易被发现的,如果他的妈妈能够注意观察,常反省自己,及时想办法修正,亡羊补牢,未为晚矣。孩子到最后也就不会锒铛入狱了。

我一个熟人的一个男孩,他的话绝大多数是假的,但是他每一次都说得天花乱坠,以假乱真。而他的父母也始终相信他,即使之前知道被欺骗了,父母仍然存着侥幸心理,认为这一次孩子说的一定是真的。我跟这个男孩的父母说:"谚有之曰:人莫知其子之恶。"你应当知道你们的孩子是经常说谎的,所以,他再给你们说某件事的时候,一定要想想他说的是真是假。如果你们不断容忍孩子说假话,后果是非常可怕的。可惜的是,这对父母并没有把我的话听进去,甚至明知是谎言,也相信孩子,甚至怂恿孩子去说假话。结果,这个孩子在不久前进了监狱。是因为骗人钱财而被告发后判了刑的。不知这对父母对此作何感想?会不会想到,孩子一味地撒谎,最终会害了他自己,也害了父母呢?

魏老师,有一个故事耳熟能详,讲的就是一位妈妈从小没能培养孩子诚实的品质,最终害了孩子。故事源自伊索寓言,名字叫《小偷和妈妈》——

一位妈妈因为结婚晚,年纪很大才生了个宝贝儿子,因此非常疼爱他,真是要星星不给月亮。儿子长大了,妈妈送他上学,每天又接他放学,孩子好像功臣一样受到家里的宠爱,从没人说他半点不好。因此这个孩子很任性、很霸道。

有一天，这个孩子看到同桌有一块很好的写字板，他没经过人家的同意就拿回家。回家后，妈妈看见他神情不大自然，就问发生了什么事。孩子就一五一十地告诉了妈妈。妈妈不但没有批评他，反而还说："这是好事，现在写字板是你的了，你为什么不高兴?"经妈妈这么一说，儿子就高兴起来了。

过了不久，儿子又从别人院子里拿了一件衣服，妈妈说："我的儿子真能干！以后再有机会多拿两件。"就这样一而再，再而三，孩子偷人家的东西一点儿也不难为情了。

过了几年，儿子长大了，胆子也大了，偷东西越来越多，越来越大了。最后竟然去偷神殿上的祭器，结果被抓到了。法官判了他死刑。

押往刑场时，妈妈跟在后面呼天抢地、捶胸顿足。在刽子手要砍他头的时候，这儿子要求和妈妈说几句话，谁知他却咬掉了妈妈的耳朵。妈妈疼得又叫又骂："你这个不孝的畜生，死到临头还要害你妈妈！"儿子说："当初我偷写字板的时候，如果你又打又骂，就不会有今天了！"说完还恶狠狠地啐了他妈妈一脸唾沫。

真的是可悲可恨啊！"有其母必有其子"，绝非虚言啊！希望天下的父母和老师们都能从自己做起，给孩子们做好榜样，并引领孩子们做真人，行实事。让我们一起来创造一个诚信真纯的中国社会吧！

魏书生：要孩子诚信，父母首先要以身作则。以诚信培养诚信，才会培养孩子的品德。为了培养孩子诚信的品质，在日常生活中，父母对孩子一定要诚信，不要说话不算数。其实，很多孩子不诚实的背后，都有一对不诚实的父母。《三字经》中不是有"养不教，父之过"嘛！

第四章　积极心态

心态若改变，态度跟着改变；态度改变，习惯跟着改变；习惯改变，性格跟着改变；性格改变，人生就跟着改变。

——马斯洛

能看到每件事情的好的一面，并养成一种习惯，还真是千金不换的珍宝。

——约翰逊

陶继新：当代社会，各种心理疾患层出不穷。世界卫生组织（WHO）断言，世界上有四分之一的人都会在自己的一生中遭受精神问题的折磨。在过去的50年中，患抑郁症的人数急剧攀升。最新发现显示，抑郁症呈现低龄化的走势。照此下去，估计到2020年，精神疾病尤其是抑郁症，将成为引发健康问题的第二大原因，抑郁是自杀的主要原因之一。每年，超过100万人选择自杀，而试图自杀的人数在1000万～2000万之间。试图自杀者尤其是在儿童和青少年中呈现出一个明显的上升趋势。目前在我们中国自杀事件屡有所闻，包括很多大学生、中学生，乃至于小学生。而因心理不健康影响到工作、学习、生活甚至产生身心疾病的，更是俯拾皆是。所以，培养健康的心理是目前教育界的一项大工程。

这些令人痛心的事无时无刻不在为我们敲响着家庭教育影响力的警钟。

俗话说："心病还需心药医。"为了不让这样的悲剧如此频繁地发生，培养孩子健康的心态是所有家长需要特别关注的。我听您和您夫人陈老师说，您孩子的心态非常好。刚才您谈的时候也提到了一点儿，我非常想了解您是怎样培养孩子的这种积极心态的。

一、起伏兴衰，生活常态

魏书生：积极的心态，实际跟上一个问题是连接的，就是求真，凡事尊重规律。只要看通了一些事的发展过程中，必然有上下进退、起伏兴衰、荣辱得失。把这些提前都看透了，想明了，就知道人生有其顺利的时候，也有不顺利的时候；有承受挫折打击的时候，也有四面八方过多赞扬的时候。知道这些都是很正常的，就都能坦然接受了。顺的时候、大家都赞扬的时候，不能够飘飘然而忘乎所以。那个时候要想到自己得到的太多了，要想到有别人的帮助，自己就会更加谦虚谨慎、戒骄戒躁，并好好地在原来的基础上，做得好一点儿再好一点儿。所以，积极的心态就是提前把发展的规律想通了的结果。

相对来说，对于挫折的认识能力强了，对于顺境也可泰然处之的时候，就可以把一切都看作生活的常态。不是不正常，而是很正常。所有的人都有顺和不顺，月有阴晴圆缺，人有悲欢离合，人生有上下起伏。于是呢，咱们遇到一点儿困难，遇到一点儿打击，遇到一点儿磨难，很正常。这样就容易把困难当成机遇，把压力当成上进的阶梯。这么去看问题，就行了，就积极了。

就像"塞翁失马"的故事,塞翁失马,焉知非福啊!古代塞北一老汉家的马跑到长城外面胡人那边去了,乡亲们安慰他,他说这不一定是坏事,几天后走失的马带领着一群胡人的骏马回来了。人们都去祝贺他,老翁却认为这不一定是好事。他家里有很多好马,他儿子喜欢骑着玩,有一天,他的儿子因骑胡马摔断了腿,人们都来安慰他,他却认为不是坏事,后来老汉儿子因腿伤而躲过战祸。福祸互相转化,互为依托。这才是正常的。

很多家长给自己的孩子讲过这个故事,让孩子知道这个故事以及故事背后所要传达的概念目的,就是让自己的孩子学会用正确的心态去面对生活中的各种际遇。遇到不幸,想它不一定是一件不幸的事吧,当然带回来马的可能性很小,就算带不回来,你这么去想,至少心态能够积极一点儿。带回马来占了便宜,你别想占了多大的便宜,想着也许是会有别的不幸吧,儿子骑着这个好马跌伤了脚,幸运又带来了不幸。这时,要是埋怨、指责、生气、牢骚,只能是加重不幸的程度,只能是研究这个事,接受这个事。免予参加征兵,如果是不义之战不被征兵,躲开也就好了,如果是保卫祖国的战斗躲开那就不是一件好事了。

咱毕竟没有更大的不幸啊,你跌得再重一点儿,不也得承受吗?在人世间,就是要以一种积极的心态,面对眼前这个伤痛。这样的孩子太多了,你看今年的"感动中国"节目中,那个"断臂王子",是叫刘伟吧?多少重不幸都降临在他的身上了。他的妈妈只是一直给他鼓劲,"正常孩子能做到的,他都能做到",没有加重他的不幸。一直觉得孩子咱还有希望,没有了胳膊,咱可以游泳,游泳也不适合了,咱可以弹琴,总是给孩子以力量。生活那么苦那么难,人家母子两人面对人生中难以预料、突如其来的不幸,还那么乐观地面对。然后呢用双脚去弹钢琴,真奏出了感动那么多人心灵的美好的乐曲,面对一切还都有种健康积极的心态。大家想咱们的孩子有谁能有人家刘伟那么大的不幸,人家还活得那么阳光,那么快乐,那么积极呢。所以那个母亲是了不起的母亲,刘伟当然更是一个了不起的孩子。他创造的这些奇迹,不正反证出看似的不幸、磨难反而是祝福、是礼物吗?

反过来，有的人不到人家一半，甚至不到人家十分之一的不幸，其家长就牢骚、埋怨，指责孩子，让孩子也觉得手足无措。于是就更不能正视这个不幸，很小的一点儿挫折，就觉得整个人生就要倾覆了的样子。于是他抗挫折能力自然就越来越弱。本来还有很多路，就因为这心态不积极，把自己的路给堵死了。

我们班有不少孩子的家长，甚至倒数第一倒数第二孩子的家长，能够正确面对，孩子咱们这种情况是正常的，咱努力了，就是好孩子。这些孩子毕业了，然后自谋职业干得非常好，办个小公司，弄了那么一个小的建筑队、维修队，生存得都非常好，家长一直鼓励孩子。

我也见过那样的家长，孩子本来能考清华北大，就是因为家长在孩子某一两次考试考不好的时候，说得太多了，总替孩子担心，孩子这怎么办啊？本来他就焦虑，你还替他焦虑，他不就快躁狂了吗？你要告诉孩子很正常，失败很正常啊，包括高考前一个月两个月有波折都很正常，孩子你没有问题，咱考不上清华北大，咱考复旦、浙大，再考不上，咱上一般大学。于是孩子心坦然下来了，心态积极了，反倒发挥得更好。所以总给孩子打气，孩子积极、进取、乐观，这样在哪个位置上都是可以进取的，只要生命一息尚存，都可以乐观进取。在高山顶上一下子掉入山沟里，还可以继续进取，一点一点朝前走。多少人都是在经受挫折以后，努力奋起的，比如，司马迁就是因为受了很多的打击，自强不息，越加奋斗，越挫越奋进，再接再厉，反倒磨炼出来他的意志。所以有了这良好的心态，一辈子活得幸福。

还是那句话，为了家长自己的幸福，也为了孩子的幸福，在什么时候都要告诉孩子凡事总有两个方面，手心反过来必然是手背，有一失必有一得，有一苦必有一甜，阴影的另一面，必然是阳光，这是铁的法则。所以总让孩子积极的，一方面要看到事物的两个方面，另一方面要更多地处在阳面，即从积极的一面、进取的一面看事物，这就幸福了。找不痛快，快乐的事儿也能变得消极，没有意思。

我领着我的学生去旅游，到沈阳故宫，沈阳故宫就在我的老家有什么值得去的啊？我为了孩子们高兴啊！两台大客车，起个大早去了，大家伙儿玩得非常高兴。有一个学生看了，说："故宫没意思。"

我说："没意思，咱上北陵。那是最漂亮的，除了十三陵之外，那么好的皇家陵园很少了，古木参天，非常漂亮。"

看完他还说："北陵没意思。"

我说："没意思，咱上动物园。沈阳动物园，全东北最大的动物园，多好啊！"

其他同学玩儿得可高兴可高兴了，这个学生看完一圈说："动物园没意思。"

哎呀，我就想，你说他说没意思，我要是再生气，这不就更没意思了吗？起个大早，大家伙儿受这么多累，他说没意思。我就想，怎么能让这件事有意思点呢？

第二天上课，我说："同学们，昨天玩儿得怎么样？""高兴啊！""有意思吗？""有意思！"

我说："但是咱有一个同学啊，他说故宫没意思，北陵没意思，动物园没意思。我说大家伙儿讨论这么一个话题，题目是'没意思的意思'，没意思的意思是什么意思？"

于是大家七嘴八舌，抢着发言："老师，他是带着一个没意思的心态，去看待万事万物，世间万物，就好像眼镜片上写着三个字'没意思'，看天天没意思，看地地没意思，看人人没意思。"学生的结论当然不是说这么多好的景物、人物没意思，而是他自己有一个消极的心理。

那孩子是那天早上在家里不痛快了，带着这种消极的心态，当然他强化了这个不痛快。带着这个心态，于是觉得什么都没有意思。然后我就跟他聊，他说："老师啊，其实我也觉得，我很想去玩儿的，就是那天早晨不高兴闹的。"

我说："这种心态是不是害人啊？"

"老师啊，我也挺苦恼的。"

我说:"以后能不能信老师的话,遇到不痛快的事咱一定研究研究,不痛快后面能有多少点儿痛快呢?妈妈不就唠叨一点儿吗?咱干什么跟妈妈生气而影响一天都不痛快啊?以后可不许这么点儿心眼,要调动咱的积极心态,妈妈唠叨咱也是关心咱,让别穿太少了,凉着了,这都是好心啊!从一切积极的心态想起来,你会发现,妈妈这些唠叨都是好心,回去一定跟妈妈说清,感谢她的好心。再就是以后咱千万不能以这种消极的心态看待妈妈的唠叨和他人。"

当然我跟家长也聊啦。我说:"你别唠叨他啊,他说少穿,他觉得自己有力量。完了你就有不积极的心态,老觉得'你病了怎么办,回来不管你',这不弄得他也不高兴了。本来是好事,你关心他,你怎么不从积极的角度,用快乐的心态,让自己的孩子高高兴兴地多带点儿衣服,带着不穿也行。就是这么点儿小事啊。"她也觉得是这么回事。

所以日常生活中很多小事,很多不痛快,都是因为心态不对头,小事就越来越大,越来越大,弄成很多不痛快。我说:"老师们,家长们,咱们一定要强化痛快,利用好痛快,把好环境、好条件利用好,学得更好,锻炼得更好,发展得更好。天冷了,天阴了,下雨了,天不好,咱仍然想法用积极的心态去应对,这些天气都不能影响我、干扰我,你就痛快了。遇到挫折了,就想想咱们怎么利用这个挫折,怎样增强我们的意志,开拓我们的胸怀,你就又痛快了。"

我说:"家长们,老师们,同学们,咱们都研究咱们的心态,为了自己生存得更好,生活的大浪冲上高峰,你积极进取,卷入低谷还是积极进取,于是你就立于不败之地了。以不变应万变,环境怎么变化,你心态不变化。一切都是有意思,看天天有意思,看地地有意思,故宫有意思,北陵有意思,动物园有意思,看草草有意思,甚至看泥、泥沟都有意思。那里可以种多少东西啊?你用这种心态,你说你这辈子多了多少快乐,多了多少增长知识增加能力的机遇啊。"大家觉得是这么一回事,心态要积极。

陶继新:说得太好了!心态的力量是双刃剑,它可以创造,也可以毁灭。

结果如何，关键看我们的心态是积极的、正面的，还是消极的、负面的。一般来说，心态跟环境、情绪和某个人的内心的道德价值观有着直接的关系。父母的价值观会直接传给孩子的，如果父母骨子里就根深蒂固地认为升官发财、名利是最重要的，并且在日常生活中的行为上表现出来了，那么，就会在孩子的心里种下升官发财、追逐名利的种子。如果父母遇到一点儿挫折就一蹶不振、垂头丧气，那么，当孩子遇到挫折比如说高考失利时为此要死要活的那天，父母无论如何劝说孩子看开点儿要经受得起挫折都是无效的。因为孩子已经完全地接受了父母把外在的表相的东西放在第一位的价值观。

看看我们身边的人你会发现，有些人总是给人以阳光、微笑，他们习惯于释放正面能量，而有些人则习惯唠叨习惯喋喋不休地说，虽然他们自己不觉得而实际上他们已经习惯了释放负面能量。而且情绪本身是可以传染的。心理学发现一个问题，当一个母亲不断发牢骚的时候，如果桌子上放上四盘菜，20分钟以后，桌上的这些菜里面就产生毒素了。所以妈妈在饭桌上唠唠叨叨地批孩子，大人伤神，孩子伤胃，全家伤心。虽然妈妈的唠叨是出于对孩子的爱，但是在不断唠叨的时候，就变成了一种抱怨，在某种意义上说，就是在给她的孩子注射毒素。因为家长的唠叨会在孩子的内心形成不被认可的印象，孩子会不自觉地将这种认知套用到自己的身上，给予自己各方面能力的否定。无形中是借着爱的名义为孩子打着负能量的吊瓶，当这种能量进入孩子的血液里，畅行于孩子的全身时，爱的意义就被负能量彻底吞噬殆尽了。

所以，在有限的空间里，尽可能地把更多的位置让出来给正面能量，同时也引导孩子多关注事物的正面，让孩子有一个良好的心态。作为家长来说，你可能会遭遇这样的困难，那样的不愉快，但是，一到了家里，就要像太阳一样，送温暖，提供光亮。如果你有不好的情绪，这种情绪则会自然而然地传递给孩子。

当然并不是说孩子只能看到美好，不能面对挫折，其间最重要的是要引导孩子学会情绪的转换。如您所言，让孩子"苦中作乐"，"没意思中找意思"，让孩子学会在挫折中找寻希望，在困难中享受过程带来的成长，在不公中坚定信念。

在漫长的一生中，没有一个人可以一帆风顺。有的人坠入人生的深渊尚可走出来，重新寻找到生命的无限可能性。为什么有的人却会被一颗不起眼的小石块绊倒后，再也无法站起。这正是心态的问题。如果可以熟稔地转换自己的负面情绪，用正面的思想取代它，那么再大的困难对我们的生命之湖而言，也是难以惊扰水面平静的微风的。而如果任自己沉浸在负面情绪里面难以自拔的话，就不得不挑战飓风的力量，殊不知，飓风也是一丝一丝微风的聚合体。所以，家长在孩子的每一个小细节处都马虎不得，一句话的轻易出口可能改变孩子一生的轨迹。怎样做的确是值得讨论的问题。

魏书生：健康的心理，对人是至关重要的。孩子的心理健康，即使升不上大学，也能同人和谐相处，能承受工作中的挫折，为人民为国家作出较大贡献。反过来，心理不健康即使考上了大学也会活得心力交瘁，与人不和谐，经受不起挫折，做不成什么像样的事情。

怎样使孩子心理健康呢？这其实跟保持孩子的身体健康差不多，也需要饿了吃饭，冷了穿衣，病了吃药，平时加强锻炼。

1. 饿了吃饭。

人的心理上会有饥饿感，需要榜样，需要目标，需要模仿，需要学习。这时若没有优秀的榜样，没有使人心理更健康的精神食粮，学生自然就会吸取一些不利于健康的东西，如乱七八糟的歌曲，稀里糊涂的文学作品。他们还会学习社会上某些低层次的人，学习无所事事、及时行乐的人，学习有针尖大的权力就挥舞得像个金箍棒一样的人，学习用非法手段致富之后摆阔炫耀的人。他们吃了这些低层次的精神食品，当然心理难以健康。您要使自己的孩子有健康的心理，先要向他提供健康的精神食品。选择好的歌曲、录像带，选择杰出人物的传记给孩子听，给孩子看。

2. 冷了穿衣。

人的心理上也有寒冷的感觉。有人说让孩子接触一些阴暗面，有利于增强孩子对不良现象的抵抗能力。这如同让体质较强的孩子到冰天雪地中一样。去可以，但要穿上防寒的衣服，不然的话，孩子容易冻坏。孩子最好不进游戏厅、歌舞厅、录像厅之类的地方。如果因教育的需要或学习的需要非进不可的话，家长要提前告诉孩子要在哪几点上增强抵抗力，要防止哪几种病毒的侵袭。孩子若和后进的、懒惰的、极自私的人长期交往，家长也该给他们穿上防寒衣服，以使孩子和后进的学生都进步，不致使孩子心理也患病。

3. 病了吃药。

孩子若已患了心理疾病，那就要对症下药治疗，及时找心理医生给予诊断。是焦虑症，是恐惧症，是强迫症，还是抑郁性神经症、神经衰弱症……然后按照心理医生的指导，服药，一步步走出误区。

4. 坚持锻炼。

孩子要有健康的身体，除了注意饮食、穿戴，有病及时治疗外，最重要的是坚持体育锻炼，跑步、打拳、打球。持之以恒地锻炼，一定会有健康的身体。心理健康同样也需要持之以恒地锻炼。倘能持之以恒地写日记，或持之以恒地看伟人传记，或持之以恒地照顾一个弱者，或持之以恒地吃苦耐劳，都会使人的心理变得越来越健康。

在这个过程中，家长的创造环境、细心引导、认真观察、及时提醒、以身示范作用是很重要的。

二、家长心态积极，孩子心理阳光

陶继新：有的家长通常会在孩子出现问题的时候直接批评，这样是不好的；其实，我们可以尽力去寻求一种不惩罚的激励办法。因为你用什么样的态度去面对问题，孩子最先接收到的是你处理问题的方式以及心态，而不是你讲述的内容。孩子最直接的感受是来自情绪和感觉的。所以如果我们能泰然地面对孩子成长中的每一次完美与不完美时，孩子就不容易被挑动起情绪，而是会了然，会理智，从而去辩证地看待问题。

我曾经看过这样一个故事，这件事发生在一个法国家庭。

一天，孩子放学后，在客厅里玩篮球。忽然，篮球打落了书架上一个花瓶，"咚"的一声，花瓶重重地摔到地板上，瓶口摔掉一大块。这不是摆设品，而是祖上传下来的波旁王朝时期的古董。

孩子慌忙把碎片用胶水黏起来，胆战心惊地放回原位。

当天晚上，母亲发现花瓶有些"变化"。吃晚餐时，她问孩子："是不是你打碎了花瓶？"

孩子急中生"智"，说："一只野猫从窗外跳进来，怎么也赶不走。它在客厅里上蹿下跳，最后碰倒了架子上的花瓶。"

母亲很清楚，孩子在撒谎。每天上班前，她都把窗户一扇扇关好，下班回来再打开。

母亲不动声色地说："是我疏忽了，没有关好窗户。"

就寝前，孩子在床上发现一张便条，母亲让他马上到书房去。

看到孩子忐忑不安地推门进来，母亲从抽屉里拿出一个盒子，把其中一块巧克力递给孩子："这块巧克力奖给你，因为你运用神奇的想象力，杜撰出一只会开窗户的猫，以后，你一定可以写出好看的侦探小说。"

接着，她又在孩子手里放了一块巧克力："这块巧克力奖给你，因为你有杰出的修复能力，虽然用的是胶水，但是，裂缝黏合得几乎完美无缺。不过，这是修复纸质物品的，修复花瓶不仅需要黏合力更强的胶水，而且需要更高的专业技术。明天，我们把花瓶拿到艺术家那里，看看他们是怎样使一件工艺品完好如初的。"

母亲拿起第三块巧克力，说："最后一块巧克力，代表我对你深深的歉意，作为母亲，我不应该把花瓶放在容易摔落的地方，尤其是家里有一个热衷体育运动的男孩子。希望你没有被砸到或者吓到。"

"妈妈，我……"

以后，孩子再也没有撒过一次谎。每当他想撒谎时，三块巧克力就会浮现在眼前。

教育界众所周知的陶行知和四块糖的故事，与此有异曲同工之妙。

陶行知先生当校长的时候，有一天看到一位男生用砖头砸同学，便将其制止并叫他到校长办公室去。

当陶校长回到办公室时，男孩已经等在那里了。

陶行知掏出一颗糖给这位同学："这是奖励你的，因为你比我先到办公室。"

接着他又掏出一颗糖，说："这也是给你的，我不让你打同学，你立即住手了，说明你尊重我。"

男孩将信将疑地接过第二颗糖，陶先生又说道："据我了解，你打同学是因为他欺负女生，说明你很有正义感，我再奖励你一颗糖。"

这时，男孩感动得哭了，说："校长，我错了，同学再不对，我也不能采取这种方式。"

陶先生于是又掏出一颗糖："你已认错了，我再奖励你一块。我的糖发完了，我们的谈话也结束了。"

当我们把过多的晦涩的道理讲给孩子的时候，或许用艰涩的语言让他无法清楚地明白问题的症结所在，当我们不留情面地指责孩子的时候，我们获得的往往是他用更多的气力去进行自我辩护或奋起反击，而完全忽略了我们的大道理。正如上面两个故事中谈到的，很多时候，我们应该去找一种更加正面的，更加给予孩子思考空间的非惩罚性的方式去对待孩子成长中的错误，从一个一个错误中发现他的优点，同时让孩子自己意识到可为与不可为的界限，唤醒他的自我反省能力。这样我们传达给孩子的就是一种正能量。

魏书生：您说得没错，如果出现了问题只是一味地把孩子说得一无是处，结果便会迫使孩子也觉得自己漆黑一片，不可救药，干脆和家长对立，破罐子破摔。由于恨铁不成钢，最后导致孩子和家长对立的例子不是太多了吗？

堡垒是最容易从内部攻破的。两军对垒，倘到对方堡垒中去分化瓦解，找自己的助手，拉一派，打一派，就非常容易取胜。这些用于打仗的战略战术，也有一部分适用于对子女的教育。

不管孩子犯了什么错误，批评孩子时，都要到他心灵深处找到他的另一个自我——一个不愿犯错误的自我。

1988年8月下旬，刚开学，我新接了一届学生。我正忙着在校园处理工作，有学生跑来报告："魏校长，你们班学生打架了。"

教书这么多年，开学第一天班级学生便打架，这种事还是头一回遇上。

我把两位打架的同学请到政教处。一个叫李世国的同学是出色的运动员，跑跳投成绩在全市是最突出的，在同学中威信高，在同年级男同学中说一不二。另一个叫梁强的同学则膀大腰圆，为人坦率直爽，学习成绩不好，为了进我班，设法跳级办了学籍。

我开头很生气，想狠狠批评他们一顿，但看他们站在我面前那憨厚、直率而又害怕的样子，我想，生气和过火的批评只能使他们头脑紧张地将身体各部位都凝聚成一个等待批评的整体，而这样的整体是不容易攻破、不容易改变的。

我暗自嘱咐自己要心平气和，要挑动他们内心深处产生矛盾冲突，引导他们自己斗自己。

我便先出乎他们意料地说："你们别紧张，听说你们打架了，重点打的哪个部位呀？现在还疼不疼呀？需不需要上医院呀？"

这么一说，他们原来紧张的整体松弛下来了，准备挨训、准备对抗的戒备心理解除了。听我问要不要上医院，立刻觉得不好意思了，连说："不用，不用。""没事，没事。"

我放心地说："没大事就好了，大家就都轻松了。倘若打伤了，打残了，打胜的，打败的，是不是都有好多苦恼？""那当然了。"他们不好意思地对视了一下。

"老师知道你们本来不想打架。"一听我说这话，他们顿时来了精神，感觉老师理解他们，便争先恐后地说："老师，我们真不想打架。"

我问："为什么不想打架？"

他俩抢着你一句我一句地说：

"打架的时候提心吊胆，怕别人打伤了自己，又怕打别人打到要害处，把祸闯大了。"

"打得轻了，还怕吓唬不住对方。"

"打败了，被同年级的同学看不起，丢面子。"

"打赢了也害怕，怕对方再勾结别人报复袭击，走在窄胡同里都提心吊胆的。"

"打轻了不解决问题，打重了，伤了，残了，对人家对自己都不好。"

"打完架有时还不敢回家，怕爸爸打，在学校还怕老师批评，怕学校处分。"

他们说出了一系列不想打架的心里话，我给予充分的肯定："这确实是你们的心里话，但这只是你们自我的一个好的方面，如果脑子里是这个好当家的话，这一架能打起来吗？"

"我们要总这么想就打不起来了。"

"这说明，你们心灵深处，还有一个坏的自我，想打架的自我，是吧？你们心中坏的自我是怎样想的呢？"

李世国说："外校的同学过去和梁强不和，他说梁强背后说我的坏话，还说我不敢打梁强，我想逞能，下午就找梁强的麻烦。"

梁强说："他找我的麻烦，我想自己也不是好惹的，决不能让着他，头脑一热，什么纪律不纪律的，全不顾了。"

他们又谈了自己内心深处一些不好的想法。

我请他们写一份心理活动说明书，题目便是"两个自我"。

如李世国就写《两个李世国》，即心灵深处在打架这个问题上，好李世国与坏李世国各自怎样想，怎样辩论，今后采取什么具体措施，使好李世国强大起来，压住自己不好的那一面。

从这以后，直至毕业，这两位同学都相处得很好，再也没打过架，并且都为班级做了大量的好事。

回过头来想一想，我当时如果发一通火，训斥他们一通，不是到他们的心里去寻找我的助手，可能也会制止住打架，可能也管得住他们，但没有这样平心静气地分析和处理问题省力气。

所以在批评孩子懒时，必须先到他心灵中找到那个勤奋的自己。批评孩子不尊重别人时，必须先到他心中找到那个过去尊重别人的自己。想帮孩子改正马虎的毛病，必须利用他心灵中那些曾经仔细认真做事和对某些事情仔细认真的脑细胞。

找到了这些好的积极上进的脑细胞，孩子才觉得家长亲近，家长看问题全面，家长理解自己的心。然后跟孩子一起商量，用心中的勤奋战胜懒惰的办法；用尊重别人的脑细胞，管住对人没礼貌的脑细胞的办法；用仔细认真的自我，去捆住马虎大意的自我的办法。

这样用孩子心灵深处的能源，去照亮孩子的精神世界，显然是节省能源的方法。

陶继新：是的，当家长心态积极，看事物善于从正面角度思考的时候，也更易于发现孩子的阳光面、积极面。所以家长自己积极心态的培育和锻炼是必不可少的。当家长能一下子从孩子表面的"恶劣"表现中看出孩子内心中那个求真求善求上进的真我的时候，自然也更容易心平气和了。

魏书生：是的，而且很多时候家长轻声细语的商量比严厉的批评更容易让孩子积极地去面对问题。

洛杉矶的一个大型商场的玩具架前，小男孩顺手拿起一支卡宾枪，高高兴兴地举来举去，示意他的父母买下这支枪，一会儿又使劲喊道："我要！我要！"这时他的母亲赶紧走过去，用左手食指放在嘴唇上嘘了一声，示意小男孩轻声点。然后她弯下腰轻轻地对小男孩耳语了几句。小男孩默默地放下枪，又向前跑去。

一个男孩抢了一个女孩的电动车玩，女孩向男孩要，男孩不给，女孩哭了起来。这时男孩的母亲微笑着走过来，轻轻地对男孩说："你过来一下。"

说完就起身走到一边。小男孩不太情愿地跟了过去，这位母亲脸上始终带着微笑轻声地跟男孩交谈。开始小男孩还反驳，一会儿母亲在小男孩耳边又讲了几句，小男孩就不做声了。过了一会儿，小男孩低着头，拿着小车走到小女孩面前，把车还给小女孩，并认真地讲了一声"对不起"，说完了，向女孩欠欠身，然后挺胸抬头像个男子汉似的走回到他母亲的身边。

家长采用耳语，弯下身子讲话，甚至把孩子找到僻静处悄悄地说话，这都体现了对孩子的一种尊重，一种保护。

现代家庭教育应该特别重视保护孩子的自尊心。孩子的自尊心一旦受到伤害，就会出现破罐子破摔的消极心理。如在商店玩具柜台前孩子嚷着买玩具，父母越训斥，孩子越要买；父母声音越大，孩子哭得越厉害。其实这是孩子的一种消极的自我保护。孩子哭是对父母大声斥责的抗议。孩子坚持买玩具，其实也不一定是非买不可，而是一时下不来台。

采用轻声细语的批评的方式，体现出一种父母与孩子友好商量的姿态。这种姿态的结果是让孩子感到最终做出的决定是自己思考的结果，并不是父母强加于他的。

其实咱们都有这样的体会，每次大声训斥或批评孩子之后，孩子难受，咱们心里更难受，更后悔。总觉得发火发怒，伤害的不仅是孩子，伤害更重的还是自己。因为那时，我们自己受到了双重伤害：一是被自己所爱的孩子不理解；二是助长了爱训人、爱发火的坏脾气。

俗话说："伤树不伤皮，伤人不伤心。"孩子的自尊心是稚嫩的，如果由于我们批评方式不当伤了孩子的自尊心、自信心，那可是得不偿失的。

现代家庭教育最忌讳的，就是家长一厢情愿，本着良好的动机却收到消极的后果。

陶继新：您说得太对了，每个人的心中都有两个自我，如何让其正面积极的自我强大起来，让负面能量的自我弱势下去，这才是让孩子拥有积极心态的关键所在。

我认识一个人，他经常会处在不好的情绪里面，虽然在工作和生活中他是一个尽全力进取的人，但是他思考问题的方式导致他把更多的关注点放在了一个问题的不好面上。当他把这样的一种生存状态带到家里的时候，这种负面的情绪很快蔓延给孩子，不是他刻意给予，而是孩子会无意识地接收。如果家长无法自省自己的言行，就莫要奢谈教育，身教在一个家庭里比分享道理要来得深刻有效得多。

所以家长要明白一个道理，不仅仅要将好的德行传递给孩子，还要把积极的情绪也传递给孩子，而且情绪的传递是悄无声息的。有时候我们会看到这样的现象：为什么有的孩子到了十几岁二十几岁三十几岁，一说话就笑，因为他们的内心是积极的、阳光的、正面的；但有的人到了五十多岁也还不太会笑，那张脸为什么不会笑，因为他从小就在那种没有笑的家庭环境当中，对于笑很陌生。所以家长要让孩子有一个积极心态，必须自己先要拥有一颗正面而积极的心，强大了正面的自己之后才能给予孩子正确的评价，从而以此来影响孩子的一生。

正如您刚才对于自然的描述中谈到的，宇宙万物之间都有规则，阴、阳、得、失是互相转化的。大自然有风和日丽，也有暴风骤雨，每个人的一生就像我们身边的大自然一样，不可能都是风和日丽，也不可能都是暴风骤雨。我们的一生中，有成功，肯定也会有失败；有顺境，肯定也会有逆境。成败、顺逆，作为人来说，是一生当中必须经历的，谁也打不破这个生命的链条。关键是在成功与失败时，我们都能够保持着一种积极的心态，去面对生活中的各种际遇。

正如您说的那样，有了大的成就，不狂喜不已，不自视高大；有了波折，有了巨大困难的时候，也不垂头丧气。这样，在克服困难、破解困难的过程中，恰恰是给心理营造了一个能够破解困难的愉悦心境。这样，感觉就不一样了，这种心境也能自然地传递给了孩子。

当我们视一切起伏皆为正常时，我们就更能理解到，很多时候孩子的成长往往不在于一帆风顺，而在于他攻克一个又一个困难时所得到的心理满足感和心灵的成长。

在采访老咪时,她说过这样一段话:"每个人的命运,不管坎坷还是平顺,都彰显着一种'美'。但这种美却需要心领神会,首先需要认识它,然后才能接受它,并让其作用在自己今后的人生旅途中。而我切身体会到,我人生中这并不平顺的一段经历给我带来了巨大的财富。如果能够让有缘的朋友从我的故事中看到些问题与挑战中所蕴涵的'命运之美',从而也感受到自己生活中值得感恩的际遇,甚至为大家寻求更从容的生活境界带来一丝灵感,我就会觉得不胜荣幸。"

这样的一种哲学省思,不仅可以让我们的心豁然感恩,甚至能让我们从一个广远整体的角度看待命运,从而有了一种倾听贝多芬《命运交响曲》的美感体验。

魏书生:是的,就是要不断地训练孩子那根战胜困难的脑神经,每次有了困难,都是加强这根脑神经强度的好机会,然后想方设法克服这个困难,战胜这个困难,得到一种超越自己的快乐和满足。久而久之,这根脑神经不仅不怕困难,一遇到困难和挑战,反而就兴奋了。为啥呢?因为快乐和满足就要来啦。

三、学会宠辱不惊,修持宁静心怀

陶继新:是的,除了训练我们那根"受辱不惊"的脑神经,还要训练我们"宠亦不惊"的脑神经,这样人就活出了大自在了。

前文我谈到的福州的黄思路,就有一种宠辱不惊的心怀。当她的母亲听说她被评为"全国十佳"这个好消息之后,非常兴奋地告诉她时,尽管她还是一位六年级的学生,可她并没有兴奋地跳起来,而是放下手中正在看着的书,跟她妈妈说:"妈妈,太感谢你了,这些都已经过去了。"

当时我正在《当代小学生》做主编,就跟黄思路约了一篇稿子,这篇稿子的题目叫《输得起，也赢得起》。的确如此，很多人经历了波折，战胜了困难，却在荣誉面前失了本色。吃得起苦却享不了福，赢不起。特别是有一些当官的，当官了之后赢不起。每日沾沾自喜于自己过去的那些小成功，不再踏实地把心用在自己的修炼上，到最后收获失败也就成了自然之事。

刚才我说的老咪被称为天下奇才，小小年纪就名声不小，神童、天才之说更是加之于身。但是每次她在接受采访、获得称誉时，总是从容自若。

老咪参加了第五届全国十佳少先队员评选活动，在我心中她是当之无愧的十佳，因为这是一个全面发展且又有着特殊才智的孩子，况且，团省委上报团中央的三名候选人中，她是被排在第一位的。但是因特殊情况，她最终未能入选。我给她打电话的时候，心里很忐忑，不知道该怎么告诉她这个消息。可她却说："老师，您今天说话怎么吞吞吐吐的？"我说："我是欲言又止，有一件事想跟你说，又怕你不高兴。"她说："您说啊。"我就说："今年的第五届全国十佳少先队员，你没能入选。"您猜她听了之后什么反应，我清楚地听到电话那头的开怀大笑："陶老师，这都是你们大人的事，我当了十佳少先队员，我的诗能写得更好吗？我不当的话，我的诗还能写得更差吗？我爸爸总是教育我，成和败都是一回事。"她还说："老师你不想想，在竞争第五届全国十佳少先队员的时候，必定有赢也有输，虽然我输了，但是赢的不也是我的兄弟姐妹吗？他们赢了，我应当恭喜他们才对呢！"这样的回答有境界，也有良好的心态。从某种意义上说，有一个良好的心态，是人一生的精神财富啊！

魏书生：历史上有很多优秀的教子实例，其中都包括让孩子"宠辱不惊"。其中近代中国赫赫有名的大人物曾国藩，也是家庭教育的行家，他写的《曾国藩家书》，里面字字句句都是实理。其中很重要的一方面，就是要求子弟要谦恭谨慎。虽然曾国藩身居要职，但他却要求家人不可有官家风味。其中有一篇中写道："居官不过偶然之事，居家乃是长久之计。望夫人教训儿孙妇女，常常作家中无官之想，时时有谦恭省俭之意，则福泽悠久，余心大慰矣。"

在曾国藩的指导下，其长子成为清末著名的外交家，次子研究古算学有相当成就。不仅儿子个个成才，孙辈还出了曾广钧那样的诗人，曾孙辈又出了曾宝荪、曾约农那样的教育家和学者。

现在，社会上一些"拼爹"现象的发生，就是那些当家长的摆不正自己的位置，当了个官、发了些财就找不着自己啦，弄得孩子也飘在半空中，拉大旗作虎皮，找不着北啦。这才闹出那些个笑话样的新闻来。

陶继新：这些家长自以为用自己的为官身份、财大气粗地为孩子创造了好的环境，殊不知却是给孩子挖了一个必定会掉进去的陷阱，不仅陷孩子于不义，还陷孩子于无知、无趣、无聊、无意义。而曾国藩似的家长，才是真正地在帮孩子、爱孩子，能让孩子活出人的尊严，人的高贵。

上面我提到的老咪之所以有这种良好的心态，缘于她的爸爸王辉湘的直接影响——

王辉湘从来没有正面严厉地训斥过老咪，哪怕她犯了错误，也是循循善诱，动之以情，晓之以理，用正面鼓励代替反面批评。她不应该做的事，应该做好但并未做好的事，他总是用鼓励的话让她亲自去做好，似乎是鼓励，其间却有对她行为的批评与否定。这种带着爱心与鼓励的语言，使她在高兴之中改进了自己的想法与做法，使她始终感到有希望，有信心。

老咪上小学时，成绩大都名列前茅。偶尔考得不好，王辉湘也以鼓励的话语让她有自信。一次，老咪数学考了95分，回家后很不好意思地告诉了爸爸。王辉湘听后哈哈大笑："不少不少，我还以为考了59分呢！"然后非常满意地告诉她："只要用功去学习了，得多少分都是取得了成绩。你如果不学，休说95分，15分也得不到。所以，你要感到满意，感到高兴。"如果孩子回到家，本来考得差，心里紧张，感到内疚，父母再去严厉训斥，甚至动之以拳脚，势必使孩子的心理更加紧张，影响到孩子健康心理的形成，也必然影响到学习成绩的提高。

有时候，王辉湘也与老咪探讨现实与未来以及理想等问题。由于王辉湘长期的思想熏陶与老咪从读书中不断地吸取精华，老咪对任何境况都始终以乐观待之。即便考不上大学，只要有饭吃，老咪也感到生活一片美好。因为世界上有更多美好的东西需要人们去关注，去交流，去对话。一个人，只要生活在地球上，就应当感到骄傲，无须有更高的要求。老咪在日记中写道："好在老咪有好笑之癖，笑眼一缝，万事万物尽括其中。哪怕忧抵山重叠，愁量海深浅，亦可以笑待之。"这种健康的心理，为老咪的成长发展，铺平了广阔无垠的道路。

正因有了这种健康的心理，在任何场合，要老咪做任何事情，她都可以从容应付。1992年，年仅8岁的老咪，在鞠萍、董浩主持的全国金童杯颁奖晚会上，朗诵一首自创的歌颂少儿电视工作者的诗。导演王宏怕她临场发挥不好，要给她一定的指导。老咪坦言相告："导演，您不用管了，我知道怎么办！"结果，她满面带笑地走上场后，一边朗诵，一边满场跑，而且多有即兴发挥，每每恰到妙处。当到了烟台一位少儿电视工作者面前时，她随手掀起他的帽子，露出光秃秃的脑袋，她说："你看，还有这位叔叔，让沙漠的大风吹成了光头。"全场为之鼓掌。由于她感情充沛，诗意盎然，道出了对少儿电视工作者的一腔敬仰之情，鞠萍等在场的少儿电视工作者都在热烈地鼓掌之余，洒下了一腔激动的热泪。导演王宏还称老咪是一位不可多得的表演天才。

老咪主张作为动态的人都要有一颗静态的心，她认为真正的静心，应当是宁静笼罩一切，极乐无拘无束地悸动着，和谐无边无际地弥漫着，然而没有人记录这一切。静心者忘却了一切，无论投多少石子，静心依然如无瑕碧玉般的湖面，没有一丝波澜。这高远的境界到达时，除了尘，什么都消失得无影无踪。压力也好，轻快也好，失败也好，成功也好，老咪都可以笑待之，表现了罕有的乐观情绪与健康的心理素养。

老咪一直叫我老师，我和她也一直保持着心灵相契的忘年交情，我也一直在关注着她的成长。高中毕业后，她和家人经过商议，放弃了国内的高考，远渡英国求学。一直还算顺利的年轻女孩开始遭遇她生命中真正的困苦和艰难，甚至是大悲痛。但正是这些离奇的生命底色，为她的生命点燃了另一种亮色。刚出国时的语言不通、入学被拒、交友被骗、打工受歧视等困境接踵而至，而命运恰在此时，又似乎一定要考验这个孩子似的，老咪从朋友口中得知家中她至爱的爸爸查出了肝硬化，病重住院，但家人却对她隐瞒了这一实情，每次打电话来都说父母安好。老咪忍受着心内的大悲痛，每次都强作欢颜，独力承担着身心的重重考验。面对这些足够把一个人彻底压垮的困境，老咪从小的积极、乐观、哲学思维，使她反而顿生一种在人生的绝壁上行走的勇气，她清晰地决定了自己在英国的生活思路，同时决定用最乐观阳光的态度去影响父母。每次她跟家里通电话，都报喜不报忧，"还总是仔细地收集平日生活中一点一滴的色彩，希望能擦亮些许他们的生活"。而每晚，她都会默默地虔诚地祷告："愿神能眷顾我的爸爸妈妈，让爸爸身体好起来，让妈妈不要太辛苦，让他们不要放弃，我和他们一起战胜这一切困难。"终于守得云开见月明，后来，老咪的爸爸王辉湘通过器官移植重获新生，老咪也通过不懈的努力进入了英国伦敦政经大学攻读人类学研究生。生活重新步入了平稳祥和。而这一路，如果没有家人的爱，没有儿时奠定的强大的心理定力，都是很难走到今天的。回首再看，这一切已变成一种祝福，使他们更加珍惜生命，更加热爱生活，更加感恩一切。

正是王辉湘用他的爱培养了老咪的这种赏识爱心、解读爱心和宠辱不惊、平静如水的心理素质，而有的家长的溺爱却不是真正的爱。所以，爱要适度，要恰当，这里面有教育学、心理学，乃至于哲学等大学问。

其实，家长也是教育者，心理健康的家长，才能教育出心理健康的孩子。如果对每一位家长进行心理测试的话，就会发现，相当数量的家长真是有负子女之望。作为家长，要有爱心，有耐心，有热情，有修养，才可将自己的知识外化出来，将自己的孩子培养成有用之材。爱可以使人变得越来越豁达，人格越来越完善；心理健康则能使你经营出更美好的人生。

天下成功的教育都有其相似之处，是有轨迹可循的。在积极心态的培养上也是如此。

美国哈佛大学进行了一次调查，一个人胜任一件事，85％取决于他的态度，15％取决于他的智力。如果他心态积极，事情肯定会办好。所以一个人的成败取决于他是否自信，假如这个人是自卑的，那自卑就会扼杀他的聪明才智，消磨他的意志。宇宙间有一个看不见摸不着的规律：人如果深信某件事会发生，则不管这件事是善是恶、是好是坏，这件事就可能会发生在这个人身上。比如一个人深信积极的事物一定会发生在自己身上，积极的事物就一定会发生。所以用好的信念，取代不好的信念，是命运修造的原则。由此看来，长期的积极心理暗示有利于让一个人保持良好的情绪和心境，有了这样好的心境，自然做事就比较有信心，也更加容易做得好。而做得好，让他又更加有信心，相信自己的能力不错，如此良性循环，螺旋向上，最终让一个人的人生一直向上发展，越来越好。

做父母的在教育孩子时，就要让孩子充分认识到自己是最棒的，在这世界上是不可或缺的。而现实教育中很多家长很难做到这点。在国外，美国教育界的思维方式，有些是值得我们借鉴的。一位中国家长问美国某大学的校长："你们学校有多少好学生，有多少差学生？"校长诚恳地说："我们这里没有差学生，只有个性特点不同的学生。"

我看过一篇文章，题目是《把自己称为"野生植物"》，讲的是复旦大学附属中学高三女生汤玫捷的事。她在校成绩排在100名左右。在国内的许多老师看来，汤玫捷并不是一个特别出色的学生。

但是，汤玫捷却因为自身优异的综合素质，成为2004年唯一被哈佛大学提前录取的中国学生并获得全额奖学金。

顿时，汤玫捷的成功在社会上激起强烈的反响，来自上海的"哈佛女孩"炙手可热。那段时间汤玫捷每天都会接到不少电话，希望她出书介绍成功经验。但汤玫捷告诉记者，她不愿出书，不愿把自己的经历简化成抽象的"成才公式"，因为"我们是野生植物，不是园林植物，每个人独特的优点就是自信的源泉"。

事实上，我们每个人都是独一无二的，任何人都不可以否定自己，人的潜能都是差不多的，没有谁比谁更聪明，正所谓"地球上的任何一点离太阳都同样地遥远"。

看看周围形形色色的人，就会发现：比我们更优秀更杰出的人，那不是因为他们得天独厚，而是因为他们的精神状态和你不一样。在同样一件事情面前，你的想法和反应跟他们不一样。他们比你更加自信，更有勇气。仅仅是这一点，就决定了事情的成败以及完全不同的成长之路。

我还采访过一个第十届全国十佳少先队员，是吉林省长春市的一个双目失明的孩子，叫孙岩，弹得一手好钢琴，现在是年轻的残疾人艺术家，已经在全国乃至世界上有了名气。平常我们看到一般的双目失明者，通常会戴墨镜，而他不戴。我说："孙岩，你戴上墨镜吧。"这样能遮住他明显的深陷的已萎缩的双目，更何况他本身很帅。可他说："陶老师，我戴上墨镜，别人知道我是一个瞎子。我摘下墨镜来，大家也知道我是一个瞎子。对于我是个瞎子这个事实，我没法改变，让大家知道又有何妨呢?"这样的阳光灿烂，这样的坦然率真，甚至都让我们这些正常人自叹弗如了。

魏书生：这几个孩子的确都很了不起哪！他们乐观地接受事实，坦然地面对发生的一切。当这种积极心态建立起来后，他就有了宽广的胸怀，好像所有的人和事物都可以被他所包容。而他在这无限宽广的时空中，似乎是一个中心，静定不移。这样的人，只要时机合适，自然可以成为能发光的人。

法国作家雨果说："世界上最广阔的是海洋，比海洋更广阔的是天空，比天空更广阔的是人的胸怀。"真正的强者，都能宽容别人，以便把宽容带来的心境和精力再用于学习、工作，自强不息。古今中外，凡有大作为、有大成就的伟人，都是胸怀开阔、能宽容别人的人。

四、安然接纳当下，挫折成就未来

陶继新：这种宽容之心也是可以培养的，关键在于是不是看到了事情的本质。当明白了事物发展的规律，明白了事物的两面性后，学习接受和面对，就自然化为积极心态了。而不接受的情绪产生的那一刻，就是痛苦出现的时候。如果这之后，再不自省，反而将这种痛苦蔓延，将会陷入误区，难以自拔。所以，为了让自己的人生阳光灿烂，要学会接受，并且是快乐地接受，接受的同时解决问题的智慧也就随之而生了。

曾看过《我不是为了生气来种花的》这样的一篇小文章。

有一位禅师非常喜爱兰花，在平日弘法讲经之余，花费了许多的时间栽种兰花。有一天，他要外出云游一段时间，临行前交代弟子，要好好照顾寺里的兰花。这段期间，弟子们总是很细心地照顾兰花，但有一天在浇水时，却不小心将兰花架碰倒了，所有的兰花盆都跌碎了，兰花散了满地。弟子们都非常恐慌，打算等师父回来后，向师父赔罪领罚。

禅师回来了，闻知此事，便召集弟子们，不但没有责怪，反而说道："我种兰花，一来是希望用来供佛；二来也是为了美化寺庙环境，不是为了生气而种兰花的。"

禅师说得好！"不是为了生气而种兰花的"，而禅师之所以看得开，是因为他虽然喜欢兰花，但心中却无兰花这个障碍。因此，兰花的得失，并不影响他心中的喜怒。

人生在世，总是有许多烦恼的事，无论是在工作上，还是在生活中。而且，我们总是很容易把我们不好的情绪发泄给周围最亲密的人，我们只在乎自己受到了委屈，却忽视别人的感受，因此不自觉地伤害了别人。所以，不要生气，因为——

我不是为了生气而工作的，

我不是为了生气而教书的，

我不是为了生气而交朋友的，

我不是为了生气而做夫妻的，

我不是为了生气而生儿育女的。

当我们换一种角度考虑问题，培养积极心态，那么，在日常生活工作中，我们会为我们烦恼的心情辟出另一番安详。

魏老师，我发现您的心态很好，现在我的心态也比较好。我平时经常出差，讲完课去赶飞机的时候时间很紧张，有时候还会堵车，甚至赶不上飞机了，心里很是着急，但这事我到后来想通了，却是受了一个孩子的启发，她就是重庆的曦曦。

我采访她的时候，她刚13岁，她当时问我一个问题："陶老师，我想问您一个事，如果您要赶飞机，去飞机场的路上遇到堵车，赶不上乘机时间，您会着急吗？"我说："当然着急了。"她说："我一点儿也不着急。因为我知道再着急，我坐的车也飞不过去。所以我会从容地给机场打电话，改签另一班飞机。"

曦曦在其他时候的心态也非常好，比如画画。她说："画画，必须要有一个良好的心态。而且我的妈妈再三教育我，没有宁静的心态无以致远，所以要有一个很平静很祥和的心态。"

正是因为认识了这么宁静的曦曦，之后再遇到类似的事情，我就可以很坦然地接受了。有一次，我从张家港讲完课去成都，必须从浦东机场坐飞机，结果送我的车刚进上海的时候，我问司机，这里到磁悬浮车站近吗？司机跟我说前面不远处就是，大约需要十多分钟。我问他要是直接开车到浦东机场要多少时间，他说要一个多小时。我说你送我到磁悬浮车站吧，因为坐上磁悬浮车7分钟就可以到浦东机场了，这样比较快些。结果走了七八分钟的时候，正赶上堵车，司机就向旁边的一位出租车司机问路，得到的回答是磁悬浮车站在浦东，还远着呢。这个司机当时就傻了，因为车已到高架路上，回是回不去了，往前走，就一直在堵车。我看他脸上直冒汗，一直说："陶老师，太对不起了！"我说："不是你对不起我，是我自己的选择。我要不说坐磁悬浮车，你怎么能跑这里来啊？"我们顺着那条路走了两个小时，飞机起飞时间到了还没有到机场，为此，在途中我就改签了机票时间。我看着司机还是很不愉快，就逗他说："这样吧，我给你讲几个笑话吧。"我就会说五个笑话，全都给他讲了。他看上去好多了。面对自己改变不了的事，别再生气了，别再着急了，因为生气和着急并不能改变既有的现实，这种时候需要的是冷静地想一下解决问题的办法。

魏书生：就是这样，着急、生气只能起到增加痛苦、使不幸加倍的作用。

陶继新：正是如此。去年，山东省中学高级职称刚刚评完，一个老师很高兴地给我打了电话。他说："陶老师，我评上中学高级教师了，您什么时候回来？我请您客！"我说："那是你自己的能力所致，和我并没有什么关系。"他说："我跟您学习过，当然要感谢您了！"或许是太过于兴奋，他显得有些志得意满，忘乎所以。我跟他说："职称评比看似一个结果，其实它是工作的另一个起点。兴奋可以，但要快速进入新的角色，才不会让自己之前的努力付诸东流。"

电话刚放下不到20分钟，又接到另一个老师的来电。他情绪激动地对我说："陶老师，气死我了。都认为这次我能评上中学高级职称，结果却没有评上。肯定有人在背后捣鬼。这几天气得我饭都吃不下去了，现在我都不给学生认真上课了。"我说："你不好好上课，本身就是对你自己工作的不认可，对自己能力的变相否定。如果你认为自己就是很棒，即使没有评上职称，那也一定会成为你再次努力的动力。如果从正面的角度去思考的话，或许，这次的评比就是高手如云，而自己的能力的确有所欠缺。从中积极客观地找出问题之所在，而不是在这里怨天尤人，迁怒他人。从另外一个角度说，为了这个事情生了这么大的气，健康出了问题，这比没有评上职称还要严重。健康是我们好好工作与快乐生活的根本所在，而且，用这样的心态，即使评上了也只是暂时的，走不远。"这样的现象在老师中很普遍，我认为跟整个的教育环境有关，跟个人性格有关，跟其家庭教育也有关系。

魏书生：这还与小时候的积累有关。经常生气，经常训练自己对鸡毛蒜皮的事儿太关注的那根脑神经，训练久了就负面作用很强大。所以教育要从小开始重视，从家庭开始做起。

陶继新：您说得很对！反之，如果我们总是漠视这根脑神经，它自然也就萎缩了。所以对于孩子，我们做家长的要不断地输入积极的态度，从小在家庭中就让他知道，得失荣辱升迁本来就是很自然的事情。让孩子从小学会辩证地看待问题，涵养积极乐观的那个自己。

您修炼这一堂课比我早，我后来才修炼的。现在回忆起来，应该是我父亲给我的力量，他当年受批判很严重，但是吃、喝一点儿不受影响，照样谈笑风生。尽管他没有用语言告诉我，要坚强，遇到挫折不要难受，但是他的行动却给了我更为清晰的说明。所以后来当我一次又一次地遇到波折的时候，我心里都很淡定，几乎没有不愉快的时候。别人说这个事对你这么不利，你怎么还这么高兴？我说，你别看现在不利，可能以后就有利了，得和失都是在互相转换哩。我当下失去，我未来可能得到；我在这方面失去了，我在那方面可能得到。这是天理之所在。所以明白这个天理了，就可以顺天而行了。

在我们顺天而行的时候，最关键的是我们要在孩子内心创造一种快活的情绪。

幸福既是一种外部的状态，也是一种内在的品质。外在幸福状态易来易失，如给孩子一件新玩具，孩子欢乐雀跃，但这种情绪很快就会消失。而内在的幸福品质却十分稳定，这是一种感觉良好和产生乐观的素质。西方教育和心理卫生专家几乎公认，对挫折的良好应对心态是从童年和青少年时不断受挫和解决困难中学来的。父母和教师在培养孩子"幸福品质"方面起着重要的作用。

我在采访家长与孩子中发现一个很有趣的现象，就是一些物质条件并不太好的家庭的孩子，不但学习与思想品质很好，而且还有一种乐在其中的感觉。就说某小学四年级张倩倩同学吧，父母均已过世，爷爷奶奶身体又不好，全家收入每月只有一千多元。但是小倩倩却整天快乐得像只小麻雀似的。问做过教师的爷爷原因何在。爷爷说，在小倩倩刚能听懂话的时候，他就经常给她讲中国古代一些少年时代受尽千辛万苦，结果成年之后却大展宏图的人物故事。时间一长，就在小倩倩的心里形成一种思维定式：小时候受点儿苦，正是为了以后的成功做必要的准备。

倩倩的爷爷说，每一个家长都应清醒地认识到他们不可能一辈子呵护孩子，孩子最终要到社会上摔打，建立广泛的人际关系，而这种关系是建立在子女与父母的人际关系以及父母与他人交往的基础上的。所以,爷爷非常热情好客,待人诚恳宽容,这也同样影响了小倩倩,她小小年纪,就知道礼貌待客,宽以待人。从小学一年级到小学四年级,一直是一个教师和学生都非常喜欢的好班长。

据倩倩的爷爷讲,小倩倩也不是没有痛苦,是他培养了倩倩受挫的恢复力。她总是能很快从痛苦中解脱,重新振奋。他说,他了解到西方国家的一个现象:家长认真培养孩子在"黑暗中看到光明"的自信心和技巧。为了培养倩倩的自信心,爷爷在自己受到最大的委屈与遇到最大的困难时,也是笑嘻嘻的,特别是在小倩倩面前,表现得格外从容与乐观。他说,这对小倩倩影响非常大。而她所拥有的这份乐观与自信,将伴其一生。而且,这比万贯家产都重要。"挫折教育",说白了就是使孩子不仅能从别人或外界的给予中得到幸福,而且能从内心深处激发出一种自找幸福的本能。这样在任何挫折面前都能泰然处之,永远乐观。

可喜的是,现在很多人已经深刻认识到物质条件的优厚并不与孩子的幸福感觉成正比。在适当的物质生活保证下,要教会孩子除了物质外,如何在内心创造一种快活的情绪。西方教育专家认为,堆积物质的溺爱方式对孩子的成长极为不利。目前在西方流行一句话叫"幸福的人过着一种平衡的生活"。许多西方教育家强调在"挫折教育"中培养孩子从多方面获得幸福的能力。

魏书生:老百姓喜欢说句祝福语:"一帆风顺!"人人都希望没有挫折,一生一帆风顺。但这可能吗?行船的人都知道,一年平均下来,有多少顺风,就有多少逆风。人生不也是这样吗?总体平均下来,有多少成功,就有多少挫折。你想成功吗?那么就别怕挫折。你怕挫折吗?那就不要期待成功。人生道路上既然没办法避免挫折,那就只有增强抗挫折能力了。

增强抗挫折能力,是一个古老的话题。两千多年前孟子就写过:"天将降大任于斯人也,必先苦其心志,劳其筋骨,饿其体肤,空乏其身,行拂乱其所为,所以动心忍性,增益其所不能……"孟老夫子的这一名句之所以千古传诵，就是因为它揭示了人才成长的规律，经受过大的挫折磨难的人才会有大的作为。

现代社会，信息广，变化大，多元化，多项选择，机遇多，节奏快。生活的海洋越广阔，风浪就越大；成功的机遇越多，受挫折的次数也越多。

所以，培养孩子的抗挫折能力是十分必要的。人生的过程就是不断战胜困难、战胜挫折的过程。培养孩子的抗挫折能力，当然是趁孩子年龄小时，效果更好，但现在培养总比不培养强得多。措施得力，都还来得及。

陶继新：是的，有的人说过，人一辈子要吃的苦是有数的，早不吃苦，晚就要吃苦。这话其实是非常有道理的。《周易》上也说："立天之道，曰阴与阳。"阴阳、得失、上下是自然存在且互相转化的，"否极泰来"，就是中华民族最核心的哲学思想。当认同了这种思想，看待一切便都是太正常了。所以，家长在这方面要好好地学习，努力锻造出自己的积极心态，然后言传身教地帮自己的孩子也具备这种积极心态。所有的家庭心态好了，整个社会就和谐了。所以构建和谐社会就要从家庭开始，从一个一个孩子开始，从我们每一个人开始。

魏书生：那些饱经风霜的人和从小就受到适当的抗挫折训练的人将来发展的前景更佳。因此，作为家长要引导孩子主动地在生活实践中克服困难，在战胜挫折中获得经验，不断成熟起来。特别是要创设一定的挫折情境，让孩子在生活实践中得到锻炼，从而帮助孩子体验挫折，进而培养孩子对挫折的承受力。

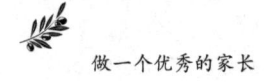

第五章　培养习惯

教育是什么？从简单方面说，只需一句话，就是养成良好的习惯。

——叶圣陶

习惯不是最好的仆人，便是最坏的主人。

——爱默生

陶继新：家教中还有一个很重要的方面，就是良好习惯的养成。叶圣陶说："教育是什么？往简单方面说，只需一句话，就是养成良好的习惯。"有人说，良好的习惯，是人们存在于神经系统中的一种道德资本。这种资本是不断增长的，所以它的利息是人们终身取之不尽的精神财富。

我感到您在家庭教育上，在当教师、当校长、当局长时，对孩子良好习惯的养成，都很有妙道。那么，在家庭教育方面，您是如何看待与进行习惯养成的呢？

一、不怕慢，就怕站

魏书生：习惯的养成应该是从小开始的功课。我们班那几个优秀的学生，包括智商不高但是心态很积极的一部分孩子，以及一些活得很幸福的孩子身上都可以体现出这样的特点。他们的家长非常关注孩子成长中的一点一滴，任何一件对于孩子将来发展有利的事情都会用心鼓励孩子去尝试，尝试完并不停止，而是力图让孩子由这样的尝试开始，不断持续直至成为一个良好的习惯，而做什么事本身是次要的，主要的目的是通过做事来促成一个好习惯的养成。

家长彼此间都愿意互相取经："你这个孩子怎么这么好呢？""并没有什么特别的，只是他从小做什么事情都能坚持一直做。锻炼身体方面一直跑步，因此有了强健的体魄和坚韧的性格；每天看书，从小领着孩子看课外书，孩子的视野就广阔了，同时也养成了好的读书习惯；让孩子好好地唱歌，孩子每天都唱，歌唱得也好；作文写得也好，书看得广阔，知识面也广，学习成绩当然好了。所以也就什么都不用操心了。这一路走下来，都是抓的这些小事，关键就是不停下。"我听着很有道理，于是我就把这些优秀家长的经验，跟更多的家长说。我说："你改变孩子，少给孩子讲道理。要让孩子多做事，做正确的事，做了就别停下来。"当然家长在家里这么做，我这个当老师的就在学校里带着学生做，咱们共同这么做，这样这孩子呢，成长得就能好一点儿。

比如说一个简单的事，写日记，其实谁都可以写，但是呢能形成习惯不容易。三天打鱼两天晒网，用处真不大，当你形成习惯以后，真对人有好处。我说："既然有好处，家长同学们，大家伙儿同意不同意，咱们天天写日记？"都觉得挺好啊。那挺好，咱就开始写日记了。

1979年3月份开始,每天写日记,感觉如何?大家感觉挺舒服的。那么下一个月呢,还写吧。然后一个月一个月,一个学期过去了。大家觉得写的能力强一些了,另外写文章一点儿都不发愁了。那下学期还写吧,一年一年写下来。这一届觉得挺好,我下一届继续教大家写日记。我说咱过去不停下,真有好处,那咱们就不停了。

我们班学生教好了,大家觉得这是个值得推广的经验。但是有的老师说,你们班学生听话,我们那个班倒数第一、倒数第二的没法教,我说你那儿没法教,那让他上我这班来。我就把倒数第一、倒数第二、倒数第三的,从别的班请到我们班来。我对他们说:"我们班学生啊天天都要写日记,你愿意不愿意写?"

"不愿意写。"

我说:"那进我这个班就得写啊,老师教你不行吗?"

"教也学不会。"

我说:"你别写得太复杂,老师保证教会。"培养习惯要行动,行动首次一定要慢动,家长不能着急,第一次干这个事你就着急,当然孩子他就焦躁,焦躁他就不干了。我说老师保证能教会。

"老师,能学会吗?"

"肯定能学会。"

"老师,那怎么写?"全校倒数第一、倒数第二的这些孩子,根本没写过东西,坐都坐不住的。

我先对他们保证说肯定能学会。接着我说:"到魏老师的班,第一天的日记就写一句话。"

"一句话?老师,一句话写什么啊?"

我说:"就写一句话,我还告诉你写什么。就写今天我到魏老师这个班读书了,写上年月日什么的。"

"老师,这句话是人都会写,那肯定没有问题。"写完啦,给我看:"老师,是这么写吗?"

我说:"挺好啊,这不挺好吗?"

第一篇日记开始写了。他觉得很简单:"老师,不是骗我吧?"我说:"这就是日记,你别以为写得很复杂才叫日记。"

第二天,到这个班两天了,第二篇日记就有一个小题目啦。题目是《记我的同桌》。"老师,不会记。"

我说:"不会记,你就随随便便看吧。就写两句话,第一句话他的外貌。"

"我不会看。"

我说:"你不要写得太细。就看他高个还是矮个,能不能看得出来?"

"老师,那还能看不出来吗?都能看出来的。"

"是胖子还是瘦子?"

"老师,那不一眼就看出来了,那是胖子。"

"是黑脸还是白脸?"

"老师,他是黑脸。"

我说:"这不就结了吗,把你眼睛看到的,用你的手写到本上,这就是胜利地写出第一句话啦。然后第二句话呢,写同桌的衣着,你看他衣服是什么颜色、什么面料、什么样式。"

"老师,这我会看啊。"

我说:"那写出来,这就是好日记啊。"

他发现写日记这么简单啊,于是他就打量同桌,高矮胖瘦黑白、衣服面料色彩样式。一写,他还觉得挺好玩。我说:"怎么样?"

"老师,今天的日记挺有意思。"

第三天,我说:"怎么样?"

"老师,你不用说我知道,三天日记三句话。"

我说:"对啦!三句话的日记写《记魏老师》。第一句话,魏老师的性格特点,我是急性子还是慢性子的?"

"老师,你是慢性子。"

我说:"你写下来。第二写我的语言特点,我说话,速度快还是慢,音量大还是小，音调高还是低？"

"老师，这没有问题。"

"第三呢，你到我这个班开始肯定不习惯。你从别的班过来，到这个班有很多约束，要求也很多，你肯定不习惯。这样行不行，你从老师这些要求里面挑一条比较习惯的，还觉得可以的写出来行吗？"

"老师，我有好几条觉得挺好。"

我说："你就写一条就行。"

于是他一写，哪是三句话，一百多字了。

第四天，"老师，今天写什么？"

我说："教室四面墙壁，前后左右，各有什么设施，对我们学好语文有什么用途？"

"老师，没有问题。"

五天五句话，六天六句话……过了两个来月，他拿着日记本来找我。"老师啊，我的日记怎么写出五百来字了啊？"我说人就这么回事，你不再盲目地攀比，不再紧张、焦虑，不再指责、埋怨，不再拖拉、懒散。注意脚下、马上动手，开始朝前走的时候，脚踏实地，一句话一句话地写，你别的都不想了。当然脚踏实地、实实在在的自我，值得自豪的自我，就出现了。"觉得舒服吗？"

"老师，这种心态特别舒服。"

我说："以后干事的时候，不管别的，不管人家多好，咱做着咱自己就挺幸福。不管人家比咱强多少，咱朝前走就问心无愧，就逐渐养成咱自己的好习惯，怎么样？"

"老师，行，这样挺舒服的。"日记一直写下来，就这样啊，我跟我的学生，写了 31 年的日记。

陶继新：写日记的人很多，但真能坚持 30 多年写日记的为数就非常少了。而且您的这个日记，是您整个生命历程的一个记载，如果真不记载下来，很多有意义的片段就有可能消失在时间长河中。日记除了可以帮助您留住这些美好的、苦难的种种记忆外，还让您养成了写作与思考的好习惯。更为可贵的是，您又将这一好习惯分享给自己的学生，让他们通过写日记，从原先一句话都写不出来或写不好，到后来有的竟然可以拥有"下笔如有神"的快乐。您通过记日记，让很多学生也了解了这样一个记录自己思想变化与生命成长的好途径。这一个过程就是习惯养成的过程。从某种意义上说，一旦有了好的习惯，他的智力未必超群，但是整个的发展方向，前程一定是很好的。而记录同时产生的思考，让他们收获的绝不仅仅是简简单单的写作水平的提高，更是对自己生命的深度审视。

魏老师，您的小步慢行帮助学生形成写日记习惯的方法太有必要了。"合抱之木，生于毫末；九层之台，起于垒土；千里之行，始于足下。"（《老子·六十四章》）任何大事，都是从小处开始做起的。如双手才能合抱的大树，是从很小的树苗生长而成的；很高的楼台，是从平地筑起的；千里路途，也是从脚下一步一步走起的。不要担心起点低，关键是要看准发展的趋势。小步慢行，日久便成自然了。

尤其是对于起点低、基础差、学习动力弱的孩子来说，如果开始就要求太高，就一下子把他们吓坏了，吓退了。您让他们只从现有水平甚至是还要低于他们现有的水平开始，简单易行，轻松上路。再一点一点地增加，他们就会因为初始阶段有了简单轻松的感觉，也就有了学习的积极性。于是，在不知不觉间，便实现了出乎自己意料之外的飞跃。

日本有一位世界闻名的优秀音乐教育家，叫铃木镇一。他认为，人类唯一的天赋是学习的本能。在铃木学校学习音乐的都是幼儿，仅从每年3月举行的毕业典礼上进行的毕业演奏情况，就可以看出他的教育效果。在铃木的指挥下，3000多名孩子，最小的还不到3岁，他们抱着玩具般的小提琴，兴高采烈地站在一起，使人感到他们可能要做什么游戏。当人们听到他们的演奏后，真有些难以置信，令人惊叹不已，他们熟练准确地演奏的曲子都是世界名曲，从德国作曲家巴赫的曲子，到意大利作曲家威尔第的曲子，至于日本的歌曲，就更是随心所欲了。

同时，在铃木的学校里，3~5岁的孩子都在一起学习，不论年龄、年级、学龄，全组织在一个班里训练。无论是国语还是算术，大家都在教室里反反复复地练习学过的东西，而且每天逐渐增加训练内容。通过每天训练，在国语方面，当一册学完时，每个孩子都能合上书背诵如流，并且准确无误地写出来。不考试，也不留作业，只是每天让孩子们记日记。

铃木认为，无论多么困难的事情，只要从简单的会做的事做起，不断反复训练，总有一天孩子会感到容易。这不仅是技能的训练，而且是自信心的培养。铃木的初级阶段的指导要点是这样的：

——从少量的、会做的内容开始；

——经过训练，内容达到运用自如；

——把运用自如的内容中不正确的部分纠正为正确的；

——注意不断培养能力；

——再增添少量同等程度的内容；

——完成的速度出现差异，能力开始萌芽；

——要把前面学过的内容和新内容结合起来训练；

——要不停地训练，使前边的内容学得更好，新的内容得到纠正；

——前面的内容要学得更加熟练，培养能力，新内容达到灵活运用；

——在实现的基础上，再增添新内容。

通过上述指导方法反复训练，就会使孩子总感到一点儿也不难，随之能力也会不断提高。孩子的能力并不是一朝一夕培养出来的，它与人的发育过程一样，是逐步提高的。父母和老师对此应该有充分的认识。

魏老师，铃木镇一与您的教育方法有异曲同工之妙。我感觉，这种方法不仅使孩子们形成了好习惯，同时也使其转化为一种不断追求完善的能力固化到了孩子的身上。这种教育方法任何的老师和父母都可以实践，唯一需要的就是热情和耐心。

二、步子小，坚持走

魏书生：是的，这是一种学习规律。在身体锻炼方面我也是遵循这种规律，帮助孩子们形成习惯。

我领着学生跑步锻炼。到我这个班的学生，都是每天跑步。我1979年领着学生越野长跑，跑多少？有人给我们仔细测量过。谁啊，是体委的同志，他们发现了我们班这样一个群众体育工作先进典型。于是就跟我一块儿跑，跑完了，拿百米绳，一根一根量下来。说："魏老师，你们每天可是跑五千米，十华里。"春夏秋冬，严寒酷暑，月复一月，年复一年。1979年跑到1997年，我当局长了，不能回去跑了。

我原来身体也不行，下乡干活儿的时候，挨饿受摧残，落下了多种疾病，跑了这几年步全没有了。我个人占了便宜就不敢独吞啊，于是我当了局长，就要求盘锦市的老师都要和学生养成锻炼的习惯——跑步、锻炼。我说："老师们，咱不为别的，为了自己自私自利的益处，咱也得算这么一笔账。教育这个行业女教师占绝大多数，女教师55周岁就退休了。中国人均寿命将近75岁，女同胞比男同胞还要多活长久一些，平均5岁。这意味着什么？退休以后您至少还有25年的人生道路要走啊。咱不说为革命，也不提为事业，也不提为学生，就为了您自己，要走好退休以后25年的人生道路，没有一个好身体能行吗？好身体什么时候积累啊，不就靠今天在工作岗位上积累吗？所以我请老师们，我求老师们，我请求老师们，我恳求老师们，千千万万学会用公家的时间锻炼您私人的身体啊。所以我们自己来养成这好习惯，也领着学生养成跑步锻炼的好习惯。"

有个学生是大胖子，胳膊有我三个粗，从别的班过来。说："老师，你们跑步，我跑不动。"

我说："你保证能跑得动。"

"为什么？我可跑不了5000米。"

我说："我知道你跑不了5000米，你4000、3000、2000、1000、500米，你都跑不了？你呢，没有问题，人家跑5000米，咱就计划跑100米，这个星期，怎么样？"

"老师，你瞧不起我。"

我说："怎么瞧不起了？""不止100米，我能跑四五百米呢。"他还来劲了。

我说："咱不多定，咱就100米。"

"老师，我四五百米真没问题。"

我说："就定100米。"

"老师，那绝对没有问题。"我给他订100米的计划，他哪是100米啊，足足跑了五六百米，跟我较劲哪，觉得我瞧不起他。

跑了一个星期。我说："你100米怎么样啊？"

"老师，我天天跑600多米。"

我说："怎么办啊？调整调整计划。"

"老师，调一调。"

"多少啊？"

"我想跑700米。"

我说："不行，太多了，你跑400米。"

"老师，不行，太少，我得700米。"

我说："行，实在不行就500米。"给他定低点儿，他觉得能完成。于是他憋着一股劲儿，跑啊跑，哪是500米啊，天天跑八九百米。于是就这么着，鼓励他，调动他不服的劲儿，把锻炼的习惯养成了。人一旦战胜了自己的惰性，又不急于求成，行为养成习惯，习惯形成品质，品质决定命运。

陶继新：魏老师，您说您跑跑步病没了，身体好了，我想这些学生，整天跑步，身体怎么可能不好吗？当孩子养成锻炼身体的好习惯时，身体好了，学习的状态也会好起来的。所以，作为父母，应该让孩子从小就知道有三样东西是不能挥霍的：身体、金钱和爱。你想挥霍，则得不偿失，最终伤害的还是自己。试想一个整天生病的孩子，即使聪明，也会因为健康原因而感到力不从心；一个很健康的孩子，他就是少花一点儿时间在学习上，但是因为身体健康，使得他的大脑可以更加高效地运转，则可以提高学习效率，知识更容易被他掌握和吸收。况且长年坚持跑步还可以形成良好的意志品质，克服懒惰的习惯，形成积极乐观的心态等，真可谓一举多得。所以健康跟学习效果、学习效率是联系在一起的。况且您的好习惯还是全方位的，像学习的八种习惯等。所以这就像种下一颗优良的种子，必然要生根发芽开花结果的。

早晨，我去锻炼的时候，遇到一位76岁的老人。他说："我20年以前，一身病，做什么都没有劲儿，感觉自己比现在还要老。"正是坚持不懈地运动使得他原来的各种疾病也都没有了，精神很好，显得也比较年轻。每天早晨他要倒三四次车，才能到我们那边的山脚下，但是他依然风雨无阻，乐此不疲。所以一个好的习惯一旦养成以后，对自身会有很大的益处。

魏书生：有了这些个好的习惯，写日记的习惯，跑步的习惯，唱歌的习惯，每天做仰卧起坐、俯卧撑的习惯，看中外名著的习惯……天天这么活着，多舒服啊。

我当教育局长要求培养学生每天做家务的习惯；每天写日记的习惯，盘锦市的学生都要这么做；每天唱军歌的习惯，天天唱，昂扬向上，唱积极进取的歌曲；每天要挺胸抬头，大踏步，高抬腿，好好走路的习惯；每天松静匀乐，全身心注意做事的习惯；读课外书的习惯；每天练演讲说话的习惯。有时间，多练一点儿；没时间，一分钟也读课外书，一分钟也要练演讲，一分钟也要写日记。不怕慢，只怕站。绳锯木断，水滴石穿，日久天长，养成习惯。有了习惯，当然就好了。

三、培养注意力

陶继新：还有一个习惯，我觉得很重要。现在好多孩子学习的时候往往很容易受外界的干扰，他正在屋里做作业，外面一放鞭炮，他忙跑出去看热闹；来一个客人，他要跑出去看看是谁；或者有其他声响，他就又跑出去了。作业完成得断断续续、拖拖拉拉。总之，一切外来的音响都可以刺激到他的听力神经，这说明孩子的注意力不够集中。注意力属于非智力因素，但对智力的影响是巨大的。对于孩子来说，不论学习什么，如果能够全身心地投入其中，就没有什么是学不好的。所以，对于注意力的培养是提高学习效率的培养，也是养成良好学习习惯的培养。

我谈的重庆的曦曦，她妈妈在她很小的时候，就刻意地培养她的注意力，她用了什么方法呢？

曦曦刚刚6个月的时候，妈妈在一张绒布上平稳地铺上一些棉丝，然后用拇指和食指轻巧地将一缕缕棉丝摘起。曦曦学着妈妈的样子，也摘起一缕棉丝。妈妈微笑着鼓励她继续摘下去。曦曦尽管涎水顺嘴而下，小小的胖手不停地抖动着，还是认真正确地摘下去，而且越摘越熟练。

妈妈开始给她加码，上午铺一张，下午铺一张。曦曦摘得既认真又正确。此后，妈妈继续给她增加任务，她依然神情专注、不急不躁地摘下去。

增至于10张、20张。以后，妈妈继续用这种方式培养她的耐性与专注力，最多的时候，曦曦一次竟摘了80张。在这个紧张的摘棉丝期间，时间似乎凝固了，世界仿佛空无了，曦曦心里想的，眼里看的，手里做的，全是摘着的棉丝。裤子尿湿了，大便拉出来了，曦曦全然不知，依然一刻不停地摘着……这属于高度的专注力，而正是她妈妈在她幼年时对于她专注力的用心培养才得以成就现在的曦曦。

两岁的时候，曦曦开始学习识字，不仅有耐性，而且有灵性，学得认真，也学得迅速。智商与能力明显高于一般孩子。

这也是属于一种习惯，当这种习惯成为了孩子身上的一种特有素质后，还有什么事情做不好。只要找到自己的兴趣点，就可以完全地投入其中了。为什么曦曦的书法写得这么好，也源于小时候妈妈对于她的培养——

小时候妈妈让她写毛笔字，每天的要求是 101 个，必须写得非常好，工整、干净才行。有一年冬天，她妈妈到了将近午夜 12 点的时候，一检查毛笔字有八个写得有点歪歪斜斜，她马上叫醒正在睡梦中的女儿，要求她立刻起来完成。天太冷了，曦曦说什么也不起来。她妈妈并没有心软，最终把她叫了起来。对她说，今天的工作没有完成，必须把这八个字重新写好。因为天气真的很冷，当时没有暖气，曦曦手冷得直发抖，手越抖越写不好。妈妈就站在她的身边看着陪着，直到把这八个字全都写好了，她妈妈才让她去睡觉。第二天早上她就不再搭理她妈妈了，但是她后来觉得妈妈还是那么好，毕竟是母女啊！而当她现在回忆起这段往事，她感到之所以自己能在世界上很多国家进行画展，包括她的书法造诣深厚，都是缘于当时她妈妈要求她养成的每天写好字，每天画好画的习惯，缘于她妈妈对每一个细节的要求严谨，对于每一个作品的精益求精。

恰是对于孩子成长过程中一点一滴的不懈怠的对待，才使得孩子虽然看似度过了严苛的童年，却轻松了一生。因为在童年时期我们给予孩子的"一"，在未来孩子的身上可反映出"十"，而家长要注意的是怎样给予以及给予什么。

孩子的潜力无穷，大人往往忽视了这种潜力，而潜质又是稍纵即逝的，挖之是一个丰富的矿藏，舍之如江河奔海一去不复返。要让孩子将来承担大任，家长就应当从小为孩子储存一笔终身受用的好习惯的"存款"。

魏书生：有的家长总是把对孩子的焦虑挂在嘴上：我的孩子注意力不集中。过多的数落会形成对孩子不良的暗示，使孩子产生对自己消极的定式，"我的注意力是不能集中的"，从而心安理得地散漫、不专心。所以，要尽量把正面的东西描述得具体一点儿，把负面的东西慢慢地从孩子的字典中去掉，这样孩子就能走正道了。不要在孩子面前唠叨，家长的焦虑会使孩子有负面情绪，本来不多动也多动了。多向孩子传递一些正面信息，孩子的注意力就会慢慢好起来。

四、适时要说"不"

陶继新：1989年，75位诺贝尔奖金获得者聚首巴黎，会议期间有记者问其中一位："您在哪所大学学到了你认为最重要的东西？"出人意料的是，这位白发苍苍的老人回答："在幼儿园！""在幼儿园学到什么？"回答："把自己的东西分一半给小伙伴，不是自己的东西不拿，东西要放回原处，做错了事情要表示歉意，午后要休息，要仔细观察大自然，我学到的东西就这些。"这些习惯一旦养成，就会惠及一生。可以说，好习惯，一辈子享受不尽它的利息；坏习惯，一辈子偿还不完它的债务。

我大女儿教育孩子就很注意对女儿好习惯的培养。孩子在未经引导时，是完全出于本性的表现的，比如看见好的东西就想要，看见喜欢的东西就想拿。如果得不到就会哭闹，甚至撒泼打滚。有些父母可能会因为孩子的这种行为而产生很大的困扰，要不厉声训斥上演一场亲子斗法，要不就为顾及颜面赶紧满足了事。我大女儿的女儿轩轩曾经也哭闹着要过东西，我女儿不是像刚才所讲的两类父母的方式来应对，因为她认为，如果孩子要的这个东西是她不该要的，这一次给她了，她会要第二次，甚至要第三次。但是一旦把这个口堵死，就养成习惯，她就不会这样做了。那么她怎么面对孩子的哭闹呢？她也不出口教训孩子，也绝不掏腰包。她啊，就那么看着孩子闹，就算旁边往来之人纷纷侧目，她也当没看见。就那么看着，脸上的表情还挺温和。轩轩哭闹了一阵，发现根本不能达到自己的目的，也就自己止住了哭声。这时，她妈妈就说一句："哭完啦，咱走吧！"孩子乖乖地就跟着走了。之后，我女儿一定会找时间，心平气和地跟孩子再讲清楚为什么那个东西妈妈不给她买。几次这样的经历过后，轩轩对于她不该要的东西，只要得到的回答是"不能买"，她都能立即接受，也养成了不乱要东西的习惯了。

美好品德与良好习惯的培养，起始于幼时。所以，面对孩子的无理哭闹，家长一定要理智，切忌感情用事，而应该从孩子的未来发展去考虑，去行事。习惯的养成有时候最难的就是开始和是否能坚持，做好了这两点，养成好习惯就很自然了。

魏书生：从我自己 20 年的教学实践中，从我教过的近千名学生来分析，对 90% 的学生来说，学习好坏，智力因素只占 20%，非智力因素占 80%。而在信心、意志、习惯、兴趣、性格这些非智力因素中，习惯又占有重要位置。

我教过的学习尖子，都有良好的学习习惯。许多教师都有同感。

甚至对智力超群的科技大学少年班的学生来说，他们在总结自己成绩优异的原因时，都谈到自己有良好的学习习惯。

习惯是一种力，是一种能量。它看不见，摸不着，但它能使事情变得省力，变得容易。

坏习惯使人不知不觉地、很省力地、很轻松地去拖拉，去懒惰，去干扰人。他为什么那么做，细想起来，不为什么，就是拖惯了，懒惯了，干扰惯了，不干扰也难受。

很多孩子便属于这种情况。冷一阵子，热一阵子，无一定计划，无一定规律地生活、学习，习惯了。

好习惯使人不由自主去学习、去工作、去助人，为什么？学惯了，不学难受；干惯了，不干难受；帮惯了，见到人有困难不帮便难受。

陶继新：是啊，习惯的力量之大我们每个人都深有体会。如果真为我们的孩子好，就是要在习惯未形成时给她不断的助推力，使其养成足够多的好习惯。

每个孩子的成长过程中都要经历一个又一个"断奶期"，而此时往往是形成习惯的关键点。家长如果在这些关键点放弃原则，一味纵容的话，就会让孩子失去站起来的能力。我们虽是家长，但是我们不能替代孩子过他的人生。家长要学会放手，孩子才能在自己的一次又一次的尝试中体验到接近成功的期待感与成功最终所带给他们的成就感。这是父母给不了的，必须由他们自己去体会。

我的一位朋友在教导孩子养成好习惯方面，有很多值得家长们学习的地方。比如这个例子——

她女儿上学时，学校有一场重要的大型表演，她要表演其中的一个节目，节目需要一盘录像带，所以她去上学的时候必须要记得带着，但是这个录像带，在她换鞋的时候被顺手放在门后面的冰箱上了，她妈妈看得一清二楚却并没有当场提醒她。当孩子骑自行车到了学校时，突然想起来录像带的事情，没有录像带节目就没法表演了。于是，她就赶快打电话给妈妈说，妈妈您赶快帮我把录像带送过来，这次的表演第一个就是我的。她满心以为妈妈会立刻答应，谁知妈妈的回答让她大吃一惊，但是吃惊之余却带给了她深深的思考，或者说在她人生财富的小袋子里增加了一枚沉甸甸的"金币"。她妈妈对她说："孩子，你走的时候没有带录像带，我看到了。"

当时心里十分着急的女儿说："那您怎么不早告诉我？"

妈妈说："这是你自己的事情，你的东西你要自己记着。你要养成习惯，不要丢三落四。"

女儿说："可是怎么办呢？第一个节目就是我的。"

妈妈说："这个问题我是不管的。你自己想办法解决，要么你找负责的老师来调换一下节目的顺序，如果不行的话你就表演没有录像带的节目吧。"说完就把电话挂了。

这个女儿没办法，只好先跟老师协商把她的节目调换到了演出的最后一个，然后骑着自行车飞奔着回到家里，拿着录像带赶回学校。从这以后，她再没有出现过丢三落四的现象了。

所以习惯的养成，幼儿园、小学、初中、高中，这是一个核心阶段，而且越小习惯养成越容易。在这个时候一旦养成好的习惯，他以后做任何事情都会受益的。

魏书生：孩子的事就是他的事，让他自己自由地决定、选择他的事，他这个独立自主的习惯就越好。

五、养成有方法

魏书生：人的内心里既有真、善、美，也有假、恶、丑，关键看你向着哪一边，总用哪一边。作为家长和老师呢，想帮着孩子建立好习惯，既要相信孩子心中的真、善、美，还得不断地去让孩子做那些真、善、美的行为，强化强化再强化，孩子呢，自然就成了真、善、美的化身了。

我曾经教过一个转学来的学生叫张军，是全年级倒数第一名。刚到我班的第二天，张军没完成我留的作业。我想，我跟张军还不熟，决不能轻易批评他，也不能像要求原班同学那样严格要求他。如果这样训斥："你凭什么不写作业？别人都写了，你怎么敢不写？你是不是不把老师放在眼里？"说这些话，不仅我很累，没有效果，还容易把张军推到自己的对立面。

我发现张军没写作业，便找他谈话，到他脑子里去找另一个勤奋的张军。我说："张军哪，咱们刚刚交往，彼此还不了解，咱们聊聊吧！你到魏老师班来的那天，听说留了作业，当时你很想立即就写，可拖拉的思想说：'在学校先轻松一会儿，回家再写吧！'到了家又想写作业，拖拉的思想又说：'吃完饭再写吧！'吃完饭拿出书和本子正想写，电视里播放好节目了，拖拉的思想又说：'看完电视再写吧！'等看完电视，再想写时，又实在太困了，就想'明天早晨再写吧！'没想到早晨起来晚了……"

我还没说完，张军就说："老师，我真是这么想的，您怎么知道呢？"

我说："懒人的心理一般都这样。本来都想勤奋，就是没有办法管住自己拖拉的心理。结果拖拉的心理越长越粗，越长越壮，在心灵的田野上占了好大地盘，勤奋对它也没办法了。"

张军说："老师您说得太对了，我也想治治自己的拖拉病，就是想不出好办法。您能帮我想办法吗？"

"老师当然要帮你，但要紧的还是你自己去扶植自己心灵中那些勤奋的树苗。你有那么多想写作业的脑细胞，还战胜不了拖拉病？"

"怎么战胜呢？"张军问。

"要紧的是不给拖拉的大树浇水、施肥。什么是拖拉的水和肥呢？就是时间。拖拉刚一闪出念头，你及时对它说：你先休息一会儿，我先写点儿作业。心里不静，就先挑喜欢的学科写，先挑简单的题来做。写了一会儿，有点累了，拖拉又来捣乱，你仍不给它时间，而是想：我先练练字，我再写一点儿自选作业，明天再跟老师商量。这样一点一点，拖拉没有了时间，断了水，断了肥，过些日子就枯萎了。而勤奋的小苗呢？因为一秒一分，一点一滴地做实事，等于浇水施肥，逐渐就长高了，长大了。"

再有就是作业。我不让张军做和大家相同的作业，而是同他一起商量适合他的作业。因为从他的实际出发，引导他一点一点攀登知识阶梯，没过两个月，张军也和全班同学一样，每天写作业，每天写日记了。

引导孩子培植心灵中勤奋的树苗不能急，不能一下子希望它长很大。只要孩子一点一滴地做事，开始一点一点地写作业，就比不写强，就比把时间的水和肥浇灌在拖拉的树上强。不怕慢，就怕站。要让孩子做完一点儿简单的作业，再引导他做第二处简单作业。家长也可以跟孩子的老师商量，请他帮助留一些适合孩子实际的练习题。与其让孩子做更难的题，抄完以后还是不会，或是干脆不做，厌学恨学，还不如从孩子实际出发做一些力所能及的事情。这样，孩子的成绩也能有所提高。

显然，培养孩子的习惯是一个大难题，不能批评一通，训斥一通，上一通政治课，讲一番大道理就完事。重要的是要从孩子的行为入手，引导孩子把决心、把口号落实到行动上。

陶继新：好习惯就是家长送给孩子最好的礼物啊。有一位心理学家说过："父母的爱是子女闯荡世界的盘缠。"这个爱中占有很大比重的就是协助孩子建立起好习惯，这样孩子方能远走高飞，驰骋天下。魏老师，以您的经验，给家长朋友们提一些建议的话，关于习惯养成有没有具体操作的方法？

魏书生：我觉得，培养孩子良好的习惯要是从以下几点入手，效果就会好一些。

1. 引导孩子少说空话，多做实事。应把空想、说空话的时间用在做实事上。一次行动抵得上一沓纲领，一次行动的价值要超过一百句口号，一千次决心。

2. 首次慢动。开动大脑机器也像开车一样，启动时，车速一定要慢。第一次行动要慢，动量要小。如培养孩子写日记的习惯，第一次切莫要求过高，只写一句话就行。培养孩子学英语的习惯，第一次只记一两个单词即可。培养孩子长跑的习惯，第一次跑 200 米就不错。凡事不要一开始就急于求成，想一口吃成个胖子，如果这样，孩子便觉得难而又难，从而失去了做事的兴趣。

3. 逐渐加速。有了首次慢动，尊重了大脑的始动原则，运转起来了，慢慢地像汽车一样开了几十米，这时就可逐渐加速了。日记长到了每篇写两三句话，英语单词每天背会两个，跑步长到每天 300 米。孩子觉得在慢动的基础上，增加这点运动量，可以接受，不知不觉之间，大脑这部汽车比前几天运转快了。

4. 不怕慢，只怕站。遇到特殊情况，如意外的任务啦，身体有点小病啦，有不顺心的事心情不好啦，也鼓励孩子不轻易停止，只要能站直了，就别趴下，只要还能行动就别停下。写日记，心情不好，写不出太好的文章，但也不要中断日记，可以随随便便地东一句西一句地记下自己当时的心情，可以少写，也不要停下来。要克服一件事不做则已，做就要做得尽善尽美的想法；建立行动就比空想强，只要做，就比不做强的观念。许多人没能养成良好的习惯，都跟想尽善尽美有关。

5. 控制时空，制订计划。有了一点儿行动，逐渐增加行动的速度，孩子会品尝到一点儿做事的快乐。进一步培养习惯，就要制订比较全面的计划，增强孩子对自我时间和空间的控制能力。从时间上，和孩子商定从早到晚的行动计划，什么时间跑步、锻炼、上学、唱歌、看课外书，各项活动，各用多少分钟，使每日、每周、每月、每年的时间安排都有序化，有益化。从空间上，使孩子处于能够把握自己的环境，什么歌厅、舞厅、游戏厅、台球室这些地方，一旦进去，孩子便容易失去自控，不由自主地放弃好习惯。注意订计划的时候，任务指标不要订得过高，要使孩子觉得稍加努力便可达到，稍稍一跳，便可把果子摘下来。

6. 进入轨道。孩子按计划行动起来了，逐渐提高了学习效率，每天定时定量地锻炼、预习、做题、背单词、写日记、唱歌，到了某段时间就做某事，遇到特殊情况少做一点儿，做慢一点儿，但不停下。按照这样的计划不停地做实事，惯性就越来越大，就像列车在轨道上行驶，甚至像卫星进入了轨道，就再也不会走走停停了。

进入轨道之后，当然也需要检修。需要防止的，一是外部干扰，二是内部故障，对外界不良人的引诱要及时切断。对付内部故障，如情绪不佳、旧病复发、犹豫拖拉等的最好方法，不是批评，不是训斥，而是以最快的速度把注意力引导到做当时力所能及的实事小事上来。人一旦开始做实事，负责忧虑犹豫等不良工作的脑细胞就休息了。

陶继新：您总结得太精妙了！我常常在想，为什么有的学生学习成绩不好？其原因是多方面的：有的孩子不够努力；有的孩子面对困难手足无措，习惯性地选择放弃；有的孩子很聪明，但是注意力涣散，不够专注，使得学习效率大打折扣……总之每个学习或生活上面跟不上节奏的孩子身上总是存在着这样或那样的问题。

魏老师，您的总结恰恰是为解决这些问题提供了一个简单易行的方法，希望孩子们和家长们能对号入座，找到自己的问题所在，对症下药。当然，如果孩子还小，则应该提醒所有的家长们从小给孩子一个养成好习惯的机会，用心培养，并且坚持之。简而言之，就是让好的行为不断重复以形成习惯。

魏书生： 就学习而言，我当局长兼党委书记的 13 年间，没搞过一次小学统考，没搞过一次初中统考，没搞过一次高中统考。我甚至 13 年来，每年高考之后，每所高中考上多少大学、重点、高分，全都不公布、不排榜，更谈不上给高中校长下升学指标。

很多人替我担心："魏老师，你看你干了 13 年，不办一所重点小学，不办一所重点初中，盘锦市老百姓不交一分钱的义务教育阶段择校费，而且你还 13 年不统考，高考之后不公布成绩，这样做教育，升学率能上去吗？尖子能拔出来吗？"

我说："您想想看，升学率要是上不去，我这个局长不早就下台了嘛。"盘锦市高中阶段升学率越来越高，到 2001 年辽宁省 14 个地级市排队，盘锦市排名在 14 个市的第一位。高考升学率不排队，但是大家心里都有数，为什么啊？中国现在 13.7 亿人口，查百度是这个人口数，每年高考报名 1000 来万，前几年超过 1000 万，这几年低于 1000 万。大学招生多少？将近 700 万，这是一个常数。900 多万报名，招生 700 来万。清华北大每年招 6000 多人，这是一个常数啊。辽宁省 4000 多万人口，每年考清华北大二百四五十个，平均 100 万人口考上 6 个。我们盘锦市原来不足 6 个，这些年越来越多了，最近八年不是 6、7、8、9、10，而是多少？两倍，12 个。前年是两倍半，15 个。去年是 17 个。在中国这块地，每年能 100 万人口，考进 17 个清华北大。500 万人口就要考 85 个清华北大，一年啊！

很多人问我："魏老师，你是怎么抓出来的啊？"我说："哪是我抓的啊，盘锦老百姓、人民群众各级领导重视教育投入，我们盘锦学生有良好的学习习惯，老师有敬业乐业的习惯，校长有领导有方的习惯，如此而已，岂有他哉？重在培养习惯，从小事做起。"

陶继新： 可见，习惯养成确实至关重要，而习惯的养成最关键的就是坚持。我想，您那个地方的学生考上那么多重点大学，包括高中整个的教育教学水平普遍都那么高，您抓教育的方法和其他的都不太一样。您这个抓法从形式上看没像他们那样那么多加班、加点，而是在培养学生的学习习惯上下功夫。其实所有人的成功都是在某些方面能坚持，而主动地坚持，慢慢就变成了自己的习惯，这样的习惯必然导演一个人的成功。

从采访的那些培养了很优秀的孩子的成功家长的例子中，我发现他们都在孩子的各种习惯养成上下了很大的功夫。

魏书生：培养习惯，有"道"，也有"术"。关键是要明白"道"，要学会"术"啊。同时，要选好切入口，再进行有效的培养。

第六章　开发潜能

　　每一个孩子就其天性来说都是诗人，但是，要让他心里的诗的琴弦响起来。

　　　　　　　　　　　　　　　　　　　　　　　——苏霍姆林斯基

　　成功的四个步骤：潜能，行动，结果，信念。假如带着100%的信念去做一件事情你会发现什么结果？大量开发潜能，大量行动，就会得到你想要的结果。

　　　　　　　　　　　　　　　　　　　　　　　——安东尼·罗宾

陶继新： 魏老师，我们谈家庭教育的相关话题，有一个绕不开的事实就是，每个家长都希望自己的孩子有很强大的学习能力，并且能够尽量地发挥出自己的潜能，从而拥有一个丰富优秀的人生状态。

　　科学研究也显示，人的大脑就是一个核反应堆，不过平时隐藏得非常深，我们发觉不了而已。人脑和人体的其他部位一样，也主要是由神经细胞构成的。那么人脑有多少细胞呢？现在科学界得出的结论是有几百亿到上千亿个神经细胞，可储存 100 万亿条信息、储存 5 亿本书的知识，约等于世界上最大的图书馆——美国国会图书馆全部藏书的 50 倍！同时它拥有 100 兆的交错线路。它的容量相当于一台有 10 000 个开关的计算机！据保守估计，大脑平均每 24 小时就可以产生 4000 多种思想，而大脑的思想信号每小时就能够游走 300 多华里！

因此，很多科学家和潜能学家大声疾呼：谁都没有资格和权利鄙视你，包括你自己。对自己的鄙视就是对这个世界的鄙视。宇宙生我，我就是小宇宙，宇宙无限，我的潜能无穷！宇宙是智慧的本原，那么，我们的大脑同样是智慧的源泉！

魏老师，我们自己都有体会，虽然我们都已是六十多岁的人了，但因为我们持续地思考、写作、讲演等，会发现我们的大脑能力根本不输于很多年轻人，有日日更新的感觉，而且我们自己还仍然觉得我们的大脑里仿佛有取之不尽、用之不竭的资源。

那么每个孩子的潜力就更是巨大而不可预估的了，穷其一生能够开发的也非常有限。如果这些潜在的能力尽可能地得到有效地开发，孩子就会给我们一个又一个意想不到的惊喜。如果这些能力没有机会被开启，那么它们就将永远在我们的身体里沉睡，甚至处于死亡状态。所以挖掘孩子的潜能，对于孩子的整个成长来说，有着巨大的意义。

一、开发潜能，创造奇迹

魏书生：我一直跟学生说，即使全校倒数第一的学生也要把自己看成一个宏大的世界。我说，家长同志们，咱们这么想这个问题，就是人的这个大脑啊，很多科学家说仍然是一个黑箱，人们不能够完全认清它工作的原理和它究竟有多大的潜能。但是到目前为止，人们还是认为它是一个有 150 亿个神经元的这么一个大系统，150亿个神经元啊。更多的心理学家说人这一辈子即使科学家也只开发了大脑潜能的10%。这是目前的一种说法，也有科学家推翻这个比例，但是应用率还有发掘的空间是共同的看法。不过我们可以从这个角度看看。你看，150亿个神经元，人这一辈子呢才活100岁，平均还到不了100岁。一天呢活那么个不到9万来秒，一辈子才30多亿秒。那么就是一秒钟真要让一个神经元兴奋一下子，好像都仅用了其中的1/4不到，它是这么一个概念。

这样就注定了每一个人都有极其巨大的潜能，更多的是被埋藏了，没有开发。为什么没有开发呢？就像你种地似的，大片的荒地没有种，就种眼前的这点地。有的呢还不好好种，后来贫瘠了，撂荒了。眼前有的种的作物还不好，所以他就得结论说我这块地不行。实际上不是地不行，而是我们没尽心尽力地去使用啊。人的大脑是一个极其宏大的世界，我们对它的认识还太少太少了啊！

人是什么？直到今天所有的人类学家、心理学家、思想家、哲学家、宗教家、政治家……全都说不明白人是什么。谁也不能够把自己对"人"这个概念所理解的内涵和外延让其他所有的人全都接受。但是我觉得马克思说的还是最有道理的——人是一切社会关系的总和。每一个孩子都是他所经历的一切社会的、文化的、政治的、历史的、周围环境的和亲属关系、家长关系的总和。这些都在他大脑皮层打上了或深或浅的烙印。这样，他如果发展那些积极的、向善的、求美的、健康的、乐观的、进取的这部分神经元的话，那这孩子就大有作为。

那更多的孩子呢？就像您说的注意力，有时候勤奋一段，利用好这边的神经元。有时又懒惰一段，训练负责懒惰的神经元。勤奋一段累了，懒惰一段后悔了，还得勤奋。勤奋一段不行，有点累，又不行，还得懒惰。这样，一阵勤一阵懒，一日勤一日懒，折腾一辈子，始终没有深入进去。最后呢，就一事无成。

而专注力好的孩子，您说的林曦啊，还有很多优秀的画家、大艺术家、大科学家，他都是守住了，我这一段乐观向上这部分神经元不动摇、不懈怠、不折腾，形成好的习惯。于是他就不断往深处开发，激发它们的工作能力，这些脑神经有了工作机遇，于是他就成就了大气，做出了很多事情。所以从这个意义上讲，其实大科学家还有一部分神经元很可能还没有利用。

所以每一位家长一定要坚信，咱们的孩子有巨大的潜能，这部分潜能不行，另一方面潜能完全可能优秀，关键在于发现和发掘。就像音乐神童舟舟看起来是一个说话、办事、接人待物、动作、表情都不行的傻孩子，但是他对音乐的感知能力，真的是有他的天赋的，于是朝这方面去发展，舟舟真的就成了有名的指挥家。

陶继新： 舟舟的确非常有名。从舟舟看，他是幸运的，如果他的父母只是负面地关注他的弱点，无视于他音乐方面的灵气，那么舟舟也就有可能是一个低智能孩子。正是他父母对于他的爱，让他们更多地关注孩子的一点一滴的细微表现，从而让毫无希望的孩子找到了让他的生命闪烁光彩的可能。

前面我提过的全国十佳少年孙岩，是一位先天性白内障患儿。在一般人看来，盲人走路，一定是手持拐杖，一边探测着前方有无障碍，一边小心翼翼地摸索着行走。可是，孙岩却一点儿盲相都没有。早在1997年春节过后的"全国十佳少年齐鲁行"活动中，我便感受了他的神奇——戴着墨镜，昂首挺胸地向你走来，显得从容而又优雅。如果不知根底，怎么也想象不出他是一个双目失明的孩子。2003年初入中央音乐学院就读的时候，孙岩的行走方式再次成为人们关注的热点：对于所在的环境稍微熟悉之后，他便如摄像机录制现场一样，把周围的环境全部装在了自己的大脑里。上食堂、上厕所大多是一个人前去；从1楼到6楼，不但不需要人搀扶，而且是一路小跑，如入无人之境。不管在任何地方，如果有人跟他打招呼，他都会微笑着回应；同他说话，他会自然地与你交流；即使给同学、家人发手机短信，也是得心应手，令正常人自愧弗如。于是，他的大学同学就不由得怀疑起来："他真的看不见吗？"

是的，他真的看不见。那么，是什么使他具备了这种"特异功能"？

第六章 开发潜能

其实，孙岩初学走路的时候，也如其他盲人一样。但是，他的母亲教会了他正常人走路的方法，更给了他勇气与自信。迈出这一步之后的孙岩，越来越相信自己不管做什么都能行。

孙岩对我说："走进一个陌生的环境，我对自己的要求就是，走过三遍之后一定要熟悉。"

记得当时与孙岩等十佳少年从泰山极顶下山时，一路"天街"，他却能够在没有任何帮助的情况下健步如飞，甚至有的地方多少个台阶都一清二楚。我们无不惊诧于他那超人的记忆力。可他笑笑说，这也是锻炼出来的。他说，如果不记下来的话你就永远不会熟悉，总有一种依赖感。这样的话，就没法独立生活了。

他的妈妈说，这种超常记忆力给了孙岩极大的鼓舞与自信。而这种自信，绝非天生就有的。其实，每一个人都有巨大的记忆潜能，只不过有的人将其置于沉寂状态而已，而孙岩则有效地开发了这种潜能，使之有了特殊的灵性。

他说，他希望像小提琴演奏家帕尔曼一样，敢于坦然地挂着双拐走到台上。在他眼中，这就是一种胜利的表现。

其实，他不仅拥有了帕尔曼的坦然，更有甩掉拐杖、自己行走的勇气与自信。

孙岩的自信并不是天生就有的。他的父母告诉他："你能行！你是一个聪明的孩子，你完全可以达到正常孩子的水平。如果努力，就可以超过他们。"进入中央音乐学院之后，他的老师杨峻教授对他大加赏识，经常对他说："健全人做得到的，你要努力地去做到；健全人做不到的，你也要努力地去尝试着做！"而做的结果，是一个又一个意想不到的成果。而这种成绩，又反过来给予孙岩莫大的鼓励与自信。

心理学研究证明，长期积极的心理暗示，可以在生命个体的心里逐渐累积起一种"我能行"的自信，可以激发孩子无限的潜能。很多健康孩子都无法做到的事情，孙岩却做到了，可是在他看来，却是那么的自然和理所当然。

我们都听过那个著名的"四分钟的故事"。

从20世纪初开始，无数人梦想着完成这个看似不可能完成的目标，即4分钟内跑完1英里。1945年，瑞典人根德尔·哈格跑出4分01秒4的成绩，后来8年过去了，依旧没有人如此接近这个目标。多少年来，这个"梦幻1英里"已经被田径教练和心理学家进行了无数次的科学研究。他们认为最理想的状态是在华氏68度的气温条件下进行，没有风，赛道应该是坚硬干燥的土地，周围应该有热情的观众来提高士气。第一个四分之一段应该跑得最慢，而最后一段则应该跑得最快。

但是牛津大学医学院学生罗杰·班尼斯特打破了所有的这些理论。1954年5月6日，牛津，刮着寒风，只有1500个观众来到现场。下午的阵雨则让煤渣地依旧潮湿。班尼斯特和他的另外两位英国业余田径协会的队友一起参加了比赛。

按照计划，克里斯·布拉什尔为班尼斯特领跑，但班尼斯特跑得太快了，第一个四分之一段就跑出了57秒9，接着以1分58秒2打破了半程纪录。此时，布拉什尔精疲力竭，退出了比赛，然后，克里斯·查特维继续领跑，让班尼斯特一直跟着自己的步伐。最后300码，班尼斯特开始冲刺。他的步伐越来越大，头向后仰着，脖子呈弓形，他不停地跑着，似乎完全失去了意识。

当他冲过终点线时，比赛现场的广播员激动地说道："新纪录诞生了，这是欧洲纪录，也是世界纪录，时间为3分59秒04。"班尼斯特让自己成为了人类突破自身极限的永恒象征。

之后，人们曾认为这一极限不可超越，但在这个神话被班尼斯特打破之后，全球已经有2000多人跨过了4分钟这个门槛。目前这个项目的世界纪录又缩短了16秒。

其实，人类的潜能真的是无穷的，很多时候，人们之所以陷于平庸，不是因为他不具备潜能，而是他忽略了自己的潜能，用"我做不到""我不行""我没有某某条件"等说辞挡住了自己的潜能。而人的精彩，恰恰在于不断地突破自我、超越自我、释放潜能的过程。想想每届的奥运会为什么那么激动人心，那么引起全世界人的瞩目，其实就在于看到那些不断突破人类身体、意志、精神的极限的瞬间，让人们一次次见证生命的奇迹，让人们相信只要努力去尝试，每个人都可以突破自己的极限，创造属于自己的卓越。

对于孩子，家长不断地用"你能行""你可以""我相信你"等肯定孩子的潜能，其实就是给了孩子一个潜能得以释放的出口和鼓励，孩子自然可以表现出超乎想象的潜能力量。

二、创设环境，更好发展

魏书生：家长是孩子的导航员，帮助他们找到自己生命的航道，让他朝这个方向发展，给予适当的培养，他的人生就成就了。

实际上对于孩子无理的要求，必须狠下心来，从小给他切断。这样孩子今后才会不产生那些无理的欲望、过头的要求、不切实际的索取。这个念头断了以后，于是他都朝着正确的方向去奋斗，去努力，去画画，去读书，去写东西，去锻炼，去打球，去弹琴，当然这个孩子的潜能就被激发出来了。所以说美国的蔡虎妈，其实是有媒体渲染的因素，某些程度上甚至是在诬蔑人家。如果你仔细地看她的教育过程，可以发现人家就是对自己的孩子要求严格了一点儿，并没有对孩子合理的要求制止过，不合理的是要制止的，而对他合理的，他能够做到的事情，不允许他不做到，你这个能力你可以做到，你为什么不做到呢？不做到不是对自己不负责任吗？所以人家几个孩子全是大有作为的。包括咱中国的"狼爸"，几个孩子都上了北大，有人给人家起了个外号叫"狼爸"，你认真研究起来，人家对那孩子的要求哪一条是过分的，制止的无非是不符合孩子年龄特点的那些要求。不应该要的要求制止了，孩子能做到的事，他鼓励孩子做到了。有时候做不到，让孩子再努力一把，必须把它做到。

或许他们过于严苛的某些教导方式需要调整，但是他们的总体教育方向是正确的，孩子一定不能随意地接触世界，比如电视、电子游戏接触多了就容易毁人。家长应该给孩子限定一下合理的范围，在这个合理的范围内可以自由地接触学习，范围之外属于禁区。当家长这样严格地要求了，孩子他就真上心了，所以"严是爱，松是害"。

当然我并不主张，也不赞同那些对孩子正确的要求也不允许的家长，那就真成了虎妈和狼爸，出于爱对孩子严格要求，那才可能把他的潜能激发出来。

我们盘锦市有一个孩子，名叫张炘炀，他不到7岁上中学，中学的校长，也就是三中校长问："魏老师，要不要给张炘炀上学籍？"

我说："首先是这个孩子自己愿意不愿意？"

"他愿意啊。"

"瞅着轻松不轻松啊？"

"他学习很轻松啊。魏老师，他小学课程掌握一点儿都没有问题，您看既然小学课程掌握没有问题，他自己又愿意了，不是家长逼着他来的，挺阳光的孩子，然后呢他又能够在课堂上坐得住，自己自愿来，那咱就让他来吧，试一试，不行再回去也不迟。"

我去看了一下那个孩子，一脸阳光啊。我对校长说："继续关注这个孩子，不要给他加压力。就引导他喜欢学的学，因为他这个年龄你加压力没有用啊。别让他成为尖子学生，就让他高高兴兴地跟着。上课的时候只要不淘气不捣乱就行，可以不听课。看看发展怎么样。"

这个孩子的爸爸非常热衷于家庭教育，他就想把自己这个孩子在学习方面、做学问上，培养成为一个突出的孩子。当然他也不是事先设定了一个极高的目标，就是想让自己的孩子实验一下，究竟孩子高高兴兴地学，去掉一些杂乱的、吃喝玩乐的事情之后，看看他能学到什么程度？能跳级到什么程度？他是这么一个心态。不是说一定设定我多少岁多少岁到哪儿，他说不是。就是在孩子高兴的前提下，去掉一些没用的吃喝玩乐的事情，让孩子高高兴兴的，顺着他喜欢的学科朝前学，看看他学到一个什么程度，我就搞这么一个实验。

这个孩子初中很快就学完了，不到9周岁就高三了，9周岁高三，不到10周岁高考。以他当年的成绩，也就是考一般的本科。大家伙儿劝他说，你还不到10周岁，你明年考多好啊。明年考全中国的大学，最好的都任你选，肯定没有问题的。他爸爸说，我不想让自己的孩子一定上最好的大学，我就让孩子在他高高兴兴学的前提下，还能跳到多高就让他跳，让他试一试。那就给他报名，高考不到10周岁，考天津一个师范学院的本科。然后他继续跳，在大学又很快把课程学完了。不到13周岁，考北京工业大学的研究生。他爸爸这时用一种什么学法呢？叫先盖楼，后装修。他说孩子咱不钻特精，不把每一方面的知识，方方面面钻得特别细，咱只要不影响下一层的进度，框架进度，咱就朝前走，咱试试。咱每层都不是最精呢，但是咱框架结构呢，咱争取找的是最快或者是最好的。他爸爸是这个思路，孩子跟他配合得还挺好。那我就继续试，不到16周岁，也就是去年，考上了北京航空航天大学的博士。张炘炀，现在点击网上有很多他的消息报道。不到16周岁，没有任何照顾，他全是凭自己的真本事。这孩子还非常阳光，不到14周岁的时候，长得就比我还高，比我还壮。家庭责任感极强，心疼父母；集体责任感强，关心班级事；社会责任感也很强，德智体全面发展，思想也比较有见解，像"矿泉水为什么贵？因为它占用了人类的劳动"，"判定一个城市的发展程度，要看垃圾处理得如何"，"吃肉是另一种杀生，是不仁慈"。现在他正认真地攻读他的博士学位，听说有计划继续上博士后。让他继续走下去吧，是的，人的潜能确实是巨大的。

有一次我碰到他，我说："张炘炀啊，念研究生的感觉如何啊？"

"魏老师，研究生比那个高中，比高三，比本科好念多了。"

"原因是什么呢？"

他说啊，高中阶段那时候学的知识广度大，科目多，有一些科目其实自己并不喜欢。念研究生，他就学他喜欢的数学，很好啊。现在他在北航数学与系统科学学院数学应用数学代数方向攻读博士研究生。张炘炀的导师周梦说:"三个学生报考我的博士生,他的成绩是最好的,我感觉他基础还不错。"这方面真的是他的潜能被激发起来了,其实他应该还有更大的潜能,如果再往后肯定还有高手来指挥他,相信他还会学得更好。

他爸爸张会祥说什么呢?"我儿子不是天才。"在张炘炀小时候不断跳级时,他也是这么说:"我儿子不是天才。"张会祥承认,自己并没有系统的教育思想,只是根据自己孩子的实际情况因势利导,因为他自信最了解孩子,也自信这种方法对孩子适合。"不求最好,但求博闻。"这是张会祥对儿子唯一的要求。"我们不给他定目标,非要考到哪里,非要考多少名次,考试只是检验学习成果的一种形式,跟别人比是中上水平就可以了。"知识是通过自学就能掌握的。张会祥就是这样,在指导得法的前提下,让孩子不知不觉地爱上学习,把注意力更多地放在学习上,放在对新知的好奇上。这样,他的注意力就不去关注吃喝玩乐的事情;不去想撒娇的事情,娇滴滴地让家长怎么照顾、怎么舒服,他不关注这些事情。他全心关注学习,关注科学,关注数学,关注探寻大自然、世界的未知的时候,这些潜能才能激发出来。

你让孩子关注啥他就发展啥。如果你让孩子从小就关注那么舒适、那么安逸的生活享受,"我不愿意到幼儿园,到幼儿园得跟大伙在一块儿,不能得到老师全部的关注。在家我舒适,我要在家。"孩子的这个要求提出来,你要是放松了,他就更关注自己舒适、安逸的感觉,关注想吃就吃,想躺就躺的惰性和任性。于是他自然的那么多宝贵的潜力,都被大量地埋藏了。然后浅层次的这些个埋怨、指责、索取,这些个脑神经覆盖了他的潜力,压抑了他的才能,这孩子一辈子就成为一个总关注索取,总关注吃喝玩乐的人。真正吃喝玩乐多了,游手好闲惯了,当他看到所有的人都瞧不起自己时,就觉得迷茫了,彷徨了,就觉得我活着的意义在哪里呢?接着,就空虚啦,咋填补这空虚?小时候也没接触过多少积极的人生意义的导引,又没有自己去学习探索过真理,只能想办法麻醉自己啊,于是网瘾啦、酒瘾啦、吸毒上瘾啦,再空虚下去呢,就一头从楼上跳下去啦。

真是这样,所以家长从小对自己孩子无理的要求一定要像美国的"虎妈"、中国的"狼爸",像你讲过的那些例子中的妈妈一样,咱得狠下心来停止它、断绝它。不然的话,这个孩子一辈子没有幸福感,他一旦开了头,那个宝贵的资源就压抑了,无能的这些坏习惯就捆绑他一辈子。这样的人长大了,还总是对周围看不惯呢,因为他养成一个索取的习惯了,他总觉得别人给他的不够,给再多也总觉得还不够,还想要。然后他就指责爸爸,指责妈妈,直至指责集体,指责国家,指责社会,指责世界,这是必然。

反过来,孩子从小的时候,就常跟他说,孩子你看看你多能做这个事,这个题,你多能啊,多有潜力啊。7岁中学的课程都会了,9岁高三的课程也都会了,多好啊。于是他的成就感、幸福感也是非常强烈的。这比吃喝玩乐是不是更强烈一些。有人说狼爸培养出来的孩子不幸福,那不是瞎说一样吗。难道说孩子吃喝玩乐、为所欲为那就是叫幸福,那才真是把孩子坑了。他这一辈子就只能在欲望和不满足的旋涡中无力自拔了,他永远也体会不到求知、进取、活得积极乐观热情的幸福了。所以呢,全天下的父母都要静下心来想想,咱孩子的潜能是巨大的,停止他的无理的要求,让他浅层次的吃喝玩乐的欲望淡一点儿,让他深层次的学习的、进取的、乐观的、向上的、创造的那些个潜能、那些个脑细胞神经兴奋起来,咱们的孩子都是很有作为的好孩子。这样,孩子的幸福感反倒一辈子更强烈,他将永远是一个幸福的孩子,家长当然也就跟着一块儿幸福了。

陶继新:我们都知道水有三种状态,其实人们不知道的是,我们的人生其实也是有三种状态。水的状态是由温度决定的,而人生的状态是由人的心灵的温度决定的。假若一个人对生活、对他人和对人生的态度是 0 ℃以下,那么这个人的生活状态就会是冰,整个人生、世界也就不过是他双脚站的地方那么大。假若一个人对生活和人生抱着平常的心态,那么他就是一掬常态下的水,都能奔流进大河、大海,但他永远离不开大地;假若一个人对生活和人生是 100 ℃的炽热,那么他就会成为水蒸气,成为云朵,他将飞起来,他不仅拥有大地,还能拥有天空,他的世界和宇宙一样大。当一个人总是在悲伤、恐惧、愤怒、不可得的欲望等负面情绪里,那么这个人的人生状态就是在 0 ℃；而如果总是处于主动、宽容、爱、理性、喜悦、平和的情绪状态时，他就有可能活出 100 ℃ 的人生。

当家长的，如果不能引领孩子进入 100 ℃ 的人生，就有可能把孩子推入 0 ℃ 的人生里。当家长或教师致力于发掘孩子的潜能、鼓励他把关注点放在积极、进取、提升自己、有利于他人、心怀天下上，那么这个孩子的人生将会无可限量，并且会带给他人很大的助益。相反，如果关注点只是在满足孩子的自私自利的欲望，那么不但会使孩子一生潜能压抑，生命浪费，甚至会带给他人和社会以伤害。

归根结底，关键还是看家长强化孩子哪方面的脑神经，弱化哪方面的脑神经。所以说家长的责任很重大，角色很重要。只有让孩子自己独立做成一些事情，他们的成就感才能产生，成就感的多少决定孩子的幸福指数，轻易得到的东西很难带给孩子成就感。所以，家长们要警醒的是，自己是在面对着一个活生生的生命，来不得半点马虎。

我的外孙女和外孙在学习游泳的时候，最初很怕被水淹着。据我二女儿说，外孙小土豆在学习的第二天不慎整个人淹到水里，呛了水，那两天他对游泳非常抵触。起初二女儿也想到了放弃，但是很快她就打消了这种想法。为了孩子，她还是坚持半鼓励半强制地带着孩子继续游泳。很快，孩子突破了心理障碍，能够在深水区自由畅游了。二女儿说，此时，孩子脸上洋溢的成就感带给她很多的幸福感，她也相信孩子这一刻是幸福的，因为前两天还一直要求早早结束课程的孩子，第一次要求下了课还要在那里继续练习。面对困难，家长的内心要再强大一点儿。家长的态度决定孩子的成败，天下父母都一样心疼孩子，放弃很简单，但是要让孩子在他自己的人生航道上勇往直前地行走，就要鼓励孩子在遇到困难的时候坚持一下，再坚持一下。

魏书生： 没错，就是要强化他们努力向上的这根脑神经，才能让他们找到真正快乐和幸福的根源。

陶继新： 如果不加以强化的话，一味地跟着孩子的想法走，孩子很多方面的潜能就不可能开发出来，就慢慢地被压抑下去了。

其实，绝大部分的孩子都有着巨大的发展空间，甚至我们可以说外界有一个大宇宙，而每一个人都是一个小宇宙，都有着无限深广的潜力。比如说一般人认为，学一门外语很困难，但是一个婴儿呱呱坠地之后，到了两三岁，一个国家的语言就说得非常好了。而如果他生在中国香港，则他有可能同时会说英语、粤语、普通话三种语言。如果他生在一个多语种家庭里，父母爷爷奶奶各会一门语言，那么他也肯定会同时学会这几种语言。而我们要是专门在学校里学一种外国语言，却是非常困难，学个十几年还掌握不好。这说明一个什么问题呢？说明虽然孩子没有专门的学校和老师可以跟着学习，但是他却生活在这种全面的语言环境中，自然而然地就学会了。所以，环境是多么重要啊！而父母其实就是孩子最大的环境，父母自己表现的是什么样子，父母传达给孩子的是什么，就组成了这个环境的主体，而孩子就在这种环境中浸染、润化、吸收、成长起来。

有一部奥斯卡获奖电影《阿甘正传》，电影里用阿甘不断奔跑的镜头所传达出的正是一种坚持的力量，一个智商只有 75，患有先天性脊柱疾病的孩子，正是因为妈妈不断强化给他的坚持的理念使他跑出了不平凡的人生。

魏书生：对，不断不断地刺激刺激，反应反应，强化强化。

三、发现长处，激活"天赋"

陶继新：一提到开发潜能，很多人会联想到天才教育，或者说英才教育、神童教育等。其实我想，这里面有一个概念性的错误，这种冠名方式把人们的视线集中到少数、稀有的这样一个点上。也就是在大人的潜意识里，会认为一些超越正常教育思路的家庭教育造就出的所谓"神童""天才"应该是个别现象，是特殊孩子特有的天赋，自己孩子根本不是这块料。从而从自身上，就已经在内心里放弃了自己孩子也能够创造"奇迹"的念头。还有完全相反的另外一种错误认识，由于一些家长部分认同了潜能理论，但是并没有全面的教育学研究，只是走马观花地看了几本书，觉得让孩子从小学这学那全都学，只要早学就能早开发、早结果，于是无形中引发了自己的急功近利的欲望，也不管孩子的优势智能在哪里，完全凭着家长自己的喜好给孩子安排，对孩子的学习盲目地催促、加码，把成绩作为唯一的标准，以获得了多少证书、考过多少级来评价孩子，最终导致孩子厌学。家长于是便断言，潜能开发是错误的。而我认为，这两种极端的认识都是错误的，也是导致孩子潜能被压抑的重要原因。

20世纪享誉全球的幼儿教育家玛利亚·蒙台梭利，创立了独特的幼儿教育法，风靡了整个西方世界，深刻地影响着世界各国，特别是欧美先进国家的教育水平和社会发展。《西方教育史》称她是20世纪赢得欧洲和世界承认的最伟大的科学与进步的教育家。蒙台梭利教育法十分重视儿童的早期教育，她为此从事了半个多世纪的教育实验与研究。而她的研究却是始于对身体有残缺和智力落后的儿童进行感官训练。她发现，通过充分发挥他们的生理功能，可以促进其智力和个性的发展。由此，她想到，如果将这种教育方法应用于正常儿童，将使其得到更大程度的发展。1907年，蒙台梭利在罗马贫民区建立"儿童之家"，招收3~6岁的儿童加以教育。她运用自己独创的方法进行教学，结果出现了惊人的效果：那些"普通的、贫寒的"儿童，几年后，心智发生了巨大的转变，被培养成了一个个聪明自信、有教养的、生机勃勃的少年。她强调教育者必须信任儿童内在的、潜在的力量，为儿童提供一个适当的环境，让儿童自由活动。从蒙氏教育的角度来看，儿童个个都是天才，关键是施以正确的教育和提供适宜的环境。

另外在网上有一个非常著名的帖子，名字叫《遭遇美国的教育》，作者是一位叫高钢的记者，他在文中写道：

> 1993年，我采访了美国亚利桑那大学一位教育学专家梅克教授。
> 我之所以萌发采访梅克教授的欲望，完全是因为她从事的专业名称

和她的研究对象之间那种让人难以理解的强烈反差。

她从事的专业是"天才教育"。在我们这些中国人的心目中，天才似乎就意味着与众不同，意味着超凡脱俗，意味着出人头地……而一说到天才教育，我们就立刻会想到名牌大学的少年班、奥林匹克学校，以及种种为培养特殊人才、而且只有极少数人能享受的教育特权……

而梅克教授的研究对象，却是那些长期被人们忽略的教育水平低下的印第安部落的儿童、新近移居到美国的发展中国家的儿童、由于种种原因未能得到良好教育的儿童和各种各样的残疾孩子。梅克教授在这个领域埋头耕耘了15年。在她的办公室，我看到各种肤色的孩子的照片，贴满了整整一面墙的墙壁。

采访她的时候，我单刀直入地提出了我最感到困惑不解的问题："你能不能告诉我，你为什么要在那些看起来比正常孩子更远离天才境界的孩子中间，进行天才教育的研究？"

梅克教授平静地回答："由于各种原因不能受到良好教育的孩子们，他们更容易被社会忽略。作为一个教育工作者，我时常会为他们以后的人生境遇感到哀伤。我想，造成这种悲剧的一个重要原因，就是现行教育在用一个单一的标准去衡量、去要求、去塑造千差万别的孩子，从而制约了孩子们各种潜能的发展。我的研究就是要找出解救这些孩子的办法来。"

让每一个孩子的潜能充分发挥出来，让每一个孩子最大程度地拥有创造未来生活的能力！这个梦想如此强烈地缠绕着梅克，因此当她摘取了教育哲学博士的桂冠，进入教育科学的殿堂之后，她就急不可耐、全力以赴地去寻找将梦想变为现实的道路。

在苦苦地探索了15年之后，她终于找出一种能够发现各种孩子各种特殊才能的测试方法。这是一项在美国教育界前所未闻的科研成果。

梅克教授采用一种使孩子们兴致无穷，能够积极参与的测试方法，在一种近乎游戏的过程中，对孩子们的各种能力进行严格检测并作出精确的定量分析，从而作出对孩子们的各种能力的准确判断。在此基础上，针对不同类型的孩子的发展特点和需要，制订出不同的教育规划，然后指导教师和家长进行实施。——这是一个多么复杂的工程！它细致到要对每一个孩子的特点进行全面分析，对每一个孩子的教育进行系统设计。最初，很多人把它看成是一个假想的纯粹的科学实验，很少有人相信这项科学研究对于改革和推进教育实践有多少应用价值。但是梅克教授日复一日、年复一年地带领她的科研组坚持不懈地努力着，十多年过去了，他们的工作成果，终于引起了越来越多的教师、家长和教育管理者们的关注。

我采访梅克教授的那年，在亚利桑那州有4所印第安保护区的学校、10多所普通学校、加利福尼亚州的50多所学校、北卡罗来纳州的数百所学校，都已经在使用梅克教授的这种方法，对他们的教育对象、对他们承袭已久的教育体制进行重新的审度、剖析和规划。就连加拿大和澳大利亚的一些学校，也开始使用梅克教授的方法进行实验。

梅克教授对我说："我的研究遵从一个基本的思想原则，这就是去发现每个学生的长处，并且最大限度地去发展这个长处。而以往人们的观念，恰恰与此相反，认为教育的任务是去发现孩子们的短处，再想方设法去弥补孩子的短处。在这样的观念之下，孩子们不仅在教育中被放在了被动的位置，而且往往被挫伤了学习的兴趣，甚至会产生不可改变的对于教育的抵触心理。这种状况直接影响着孩子们能力的开发与培养。"

梅克教授相信：努力发现孩子的长处，激发的是孩子的自信。而专门注视孩子的短处，激发的是孩子的自卑。

梅克教授十分认真地说："我在各种场合都强调这样一个观点：没有残疾的孩子，只有残疾的教育！哪怕是那些被现行教育的公认标准认为是智力水平最低的孩子，实际上也有特殊才能，这是人所拥有的天赋，而我们今天的教育，往往把这种最应该重视的东西忽略了。"

我问梅克教授："你认为推广你的科研成果的最大障碍是什么？"

"人的观念。"梅克教授回答得十分干脆。"可能传统教育理念太强大了。人们习惯于要求孩子们去适应教育提出的标准,而不是让教育去满足孩子发展的需求。这个观念不改变,教育就难以走出自己的误区。"

但梅克教授仍说:"我相信,一定会有越来越多的人看到这样一个重要的事实:每一个孩子都是富有创造力的生命,关键在于我们能否发现他们的天赋。我想,文明发展到今天,人类已经应该能够看到每一个生命拥有的价值了。"

通过这个例子,我们也可以看到,其实"天才"并不是个别现象,而是普遍现象,甚至残疾、智障孩子也是天才,就像舟舟,只要潜能得以发展。所以把"天才"一词换作"天赋"可以更好地让人理解,也就是人人皆有天赋,而且是每人所独具的。教育的功能就是要帮助孩子发展这种天赋,家庭教育尤其要为孩子的天赋发展提供适宜的环境。

魏书生:是的,每个孩子都是一个宏大的世界,如果不能去看到这种宏大,自然就不能相信每个孩子都是可发展的。

陶继新:潜能开发的确是这样。同时要更好地开发孩子积极的、正面的能量,有效地开掘孩子身上最闪光的潜在能力,通过对于孩子的关注和观察,发掘孩子的兴趣点和能力所长之处,加以强化和正面引导。

长清一中的校长叫王少辉,他跟我说——

我刚到校时就遇到了这样的问题:当时有一个高二(10)班,是全校有名的问题班,老师们都说:"这个班除了学习,什么都行。"我来校半个月后就是元旦晚会,这个班同学郑重地给我发了请柬,我想我必须要去。到了这个班同学们都很高兴,我也即兴给同学们唱了一首周杰伦的《菊花台》,目的是让孩子们知道,校长也能跟上时代的节拍,和他们是能无障碍沟通的。我唱歌的消息迅速在教学楼上传开,各班纷纷邀请我去,我于是带领校级干部逐班拜年,且每班一歌,尽量不重样。当夜的感受,是"累并快乐着"。事后才知,高二(10)班为迎接我的到来,请了专业音响师,并精心装饰了班级环境，同学们都做了充分准备，我很感动，一感动就当了他们的副班主任。

当时像这样的学生在我校有近 300 名，我引导他们走了艺体选修分流的路子，他们也看到了光明，学习起来两眼放光，管理起来自然得心应手。最后他们绝大多数专业和文化课双过关，步入自己理想的大学殿堂。

看来，在一般人看来有"问题"的不可能考上大学的学生，也有巨大的潜能，这方面的潜能一旦开发出来，他具有的强大爆发力出来了，将会还给自己，乃至世人一个巨大的惊喜。

魏书生：对啊，你像舟舟，重点高中他考不上，普高他也考不上，但是他在音乐方面确确实实好啊。

陶继新：哈哈，是的，我在音乐这方面的潜能就乏善可陈。

魏书生：所以，如果你看不到他这个潜能，不就埋没了吗？这一辈子他不就是一个废人了吗？

陶继新：包括您刚才提到的张炘炀的例子，我也了解过其他一些早上学、或者完全通过自学，跨越了他们自己的年龄而提前上大学甚至上博士的例子。包括韩国、日本、美国等都有很多成功的例子，当然咱们中国也有很多。我大女儿认识的我们山东的一位父亲，就通过成功的家庭教育使儿子在 12 岁时就已经顺利申请了美国排名前十位的高中入学资格，并且是带着奖学金的，他就是小学跳级两次，初中三年级也没上，自学完成的。现在这孩子早已到美国就学，表现很是突出。难道说他们真的只是个别例子吗？从他们身上我们能得到什么启示呢？

魏老师，我们都在教育一线上行走，我们经历过、了解过太多这样的例子，就是原来的学困生在优秀的老师的引领下，短期内状态大逆转的现象。美国的"热血教师"罗恩老师的故事就较好地诠释了这种现象——罗恩老师刚开始在亚特兰大买下一座废弃的百年厂房准备建造成学校，这所厂房周围住满了毒贩和妓女。学校建造过程中就遭遇了 19 次入室盗窃。招收的第一批学生各个学科的考试成绩都在总体上低于全国的平均水平，并且普遍缺乏学习信心和动力，也从来没去过佐治亚州之外的其他地方旅行过。几年后，在他们的八年级毕业典礼之夜，孩子们得到了将近 100 万美元的奖学金，超过 90％的孩子在不同的学科获得了两位数的奖励。从这样的例子中，我们又会有什么启示呢？

看来，每个孩子都是有潜能的，而且这种潜能非常巨大，但需要有效地导引和激发。而传统意义上的教育模式过于关注结果，把知识体系打得七零八落，使孩子们学习的热情被浇灭，潜能被压抑。而一味依靠家长的教导、老师的教学的学习模式，也使孩子们完全放弃了自己学习的主动权，变成了等着喂、等着教才能懂的思维模式，放弃了对自己潜能的应用。

在某种意义上说，每一个孩子都是天才，只不过最爱他们的家长将其当作庸才培养了而已。我们经常看到，父母的启蒙教育多是低俗的读物，很少高品位的内容。更有甚者，教师在布置大量毫无价值的作业训练之后，家长又雪上加霜，再从书店购买习题集，强迫孩子牺牲休息时间去完成这些额外的任务。对于这一阻碍孩子走向美丽人生的精神海洛因，教师与家长却视若珍宝。于是，戕害灵性竟变得如此堂而皇之与天经地义。这种"下"之又"下"的训练，使孩子与高层次的文化渐行渐远。不少家长漠视孩子巨大潜力的存在而又浑然不知，认为孩子没有能力与资格享受高层次的文化。岂不知，低层次作业的反复训练，使孩子长期处于智慧沉眠状态之中，进而积淀成远离创造本能的巨大惰性，也从而远离了享受智慧生成而激起的喜悦与幸福。人的生态环境应是和谐愉悦的，人的生命价值理应受到挑战并得以体认。所以，为孩子创设挥洒生命与发展巨大潜能的家庭文化环境，是富有眼光的家长的必行之事。家长不仅应当正视孩子所拥有的内在潜质，更应当有效地开掘孩子的内在潜能，从而让他们享受到"我是天才"这一生命超越的巨大幸福。

所以，我感觉，只要有下面这几个认识，每个孩子都可以将潜能释放，得到发展。

1. 自学能力比学什么更重要，所以，从小鼓励孩子的好奇心，指导孩子自学新知识重于一切。

2. 自学时，可以不按课本循规蹈矩地学，而是把知识串联起来学。比如小学时的自学，可以把整个小学阶段的课本都放在手中，系列学习，建立知识体系和架构。我记得，魏老师，您在给学生的自学建议中也提到过这一点。

3. 不求甚解，囫囵吞枣地自学中小学知识。其实，中小学知识量是很有限的，但范围较广，各科目都要掌握，是考入大学的基础之基础。但每个科目的知识深度并不高，所以，只要把这些广博的知识大约掌握了就行，尤其是年级不同，知识的替代性、重复性强，如果都深入地学，无异于浪费时间。而学校里往往会要求深入地学，因为每个学期的学生的考试成绩都是关系到老师的职业评价的（这一点不仅是中国如此，全世界各个国家都比较普遍）。所以很多考试的设计都是在玩技巧，把简单的知识复杂化了。

这一点和刚才您提到张会祥这个爸爸的思路是一样的。

4. 学校的功能是一种社会性，所以，应鼓励孩子在学校中以学习情商、发展非智力因素为主。对于成绩不要太在意。

我想，如果家长有一个开阔的心胸，有一个把孩子放在人生大舞台上的视野，再多研究些教育科学的话，我们的孩子定可以小小年纪便出类拔萃，我们的教育也将会节省很多不必要的繁复。

我想推荐大家看一看，美国14岁华裔男孩凯孝虎的故事。这个孩子一直在家自学，8岁入读大学，11岁拿到副学士学位，今年将从加利福尼亚大学洛杉矶分校毕业。

很多人认为他是神童、天才。但是他对于"天才""神童"的美誉一概拒绝，坚称自己"不是天才"，他甚至不喜欢"天才"这个词，他说："'天才'只是一个单词，就像IQ（智商）一样，那是人们创造出来的数字，评估了一个方面，却忽视了成就一个人的其他因素。而我所做的是通过学习知识变得智慧，我认为，运用智慧比成为一名天才好得多。"

"我只是充分发挥自己的优势。"凯孝虎说，"每个人都有潜力变得与众不同，不过你必须发挥那种潜力。这就是人们觉得我特别的原因。我努力学习，提前计划，达成目标，成就更好人生。"他希望"每个父母都能鼓励自己的孩子去摘星星"。

男孩凯孝虎告诉同龄人,他们可以取得同样成绩,只要对事专注,全心投入,不畏挑战,切忌半途而废。他说:"你需要知道,你不必是天才,只需要勤奋付出,就能做到一切。"

凯孝虎坦言身边会有"诱惑"。比如,他爱看成龙的电影,但会控制自己,每个星期看电视时间不超过4小时。极少看电视或者玩电子游戏,但凯孝虎并非死读书,他多次获得钢琴大奖,赢过国际武术比赛,还学会了蛙潜。

魏书生:是的,这个孩子活出了天赋潜能,也明白了生命的规律,了不起。

四、记忆潜能,及早开发

陶继新:孩子出生之后,便有着天然的好奇心和想象力,但孩子的好奇心和想象力还在"生于毫末"的时候,便大多遭到了家长虽善意却无情地伐斫,实际上在生命起始阶段与成长的最佳时期,孩子便被斩断了生成"合抱之木"的很多智慧链条。于是,这种潜能与智慧美质被投入沉眠状态之中,久而久之,便走向死寂与消亡。

其实,家长稍加观察,是可以发现孩子的潜能的。比如小孩子的听力是远远超越大人的,他们的记忆力也是远远超越大人的。《学记》上说:"时过然后学,则勤苦难成。"错过了适当的学习时间,即使非常刻苦努力,也是很难有大成就的。所以我们的古人是很伟大的,他们很早就发现了这一潜能规律。他们让孩子小时候背诵艰涩难懂的经典文字,在他的大脑最好用的时候,不断地给予强烈的刺激,形成很强的记忆能力。如果这时候不开发它,大了就开发不出来了。想想我们大人背记一段东西的辛苦就会深有体会。

犹太人在谈家庭教育时曾说过:给予什么就形成什么。婴儿从生下来那天开始就像吸入空气一样在吸收着知识，这个时候就应该把知识与空气一同给予他。只有这样，他的成长才是健全与完善的。任何事物对两三岁的孩子而言都没有难易之分。"这对幼儿太难了，还没有必要让他去记。"这完全是大人的错觉。其实对幼儿而言，根本不存在一件因为难而记不住的事情。

昨天晚上，我大女儿的孩子轩轩非要给我背《大学》不可，我说我连续背了很长时间了，还没办法一气背下来。可她才接触没多少时日，就从头到尾，不多时就全背下来了，我感觉她几乎是不用思考就汩汩而出了。而我们成人背诵，一般是背着前一句，同时会不自觉地想着后一句是什么，才能让自己连贯起来。而她背起来就像相声演员说绕口令一样的熟练。而且当我问她累不累时，她笑着说："太简单了！不累！"

脑科学的研究证明：正常人一生出来，大脑就有1000亿个脑细胞或称神经元，它们彼此孤立，就像一根光秃秃的树干。当受到周围环境的大量信息刺激时，每根神经元发育成许多树枝状的树突，互相联结。对正常人而言，每根脑神经元可生出几千根树突。当给大脑以最优质、最复杂的信息时，每根神经元最多可生出两万多根树突，这时，其智力就会超出常人。这些树突通过"突触"接通，就会形成复杂的神经网络，网络越复杂，大脑的功能就越好，人的智力就越高，学习高深的知识就会很容易、处理复杂问题时就会很轻松。突触的形成，主要靠感官经验的刺激。在3~4岁以前是大脑发育最敏感的时期，大脑的突触数目甚至可达到成年人的两倍，一直到7~8岁，脑发育才基本定型，其细胞构建和神经纤维的联系大致（80%）接近成年人，到了11~13岁以后，大脑神经网络开始调整，只保留受外界信息刺激频繁的、联系紧密的那些突触。因此，要使孩子变得聪明，关键是要在孩子大脑发育的敏感期让孩子反复地接触最优质的信息。让孩子反复诵读优美的经典作品，是使大脑神经元得到最优质、最复杂刺激的最佳选择。

由此可见，孩子的记忆潜能是巨大的。如果在小时候让他大量地记忆一些最经典的东西，对他一生太有用了。浙江省杭州富阳永兴学校有个特级教师，叫陈琴，在华南师范大学附小教学时就久负盛名了。她率先把经典"素读"的理念引入当下的小学语文课堂，探索出一套将现行教材与经典课程有效整合的模式，创设了能被移植的经典"素读"课程。在新加坡及包括中国香港在内的全国各地讲课、报告数百场，被一些教育局、学校聘为课程指导教师。她的学生经六年的经典"素读"训练后，个个都能达到"背诵十万字，读破百部书，写下万千言"的教学目标，《声律启蒙》《大学》《中庸》《庄子》《论语》《老子》《飞鸟集》等古今中外的许多经典名篇全都滚瓜烂熟。此外，她能让所有的学生在吟诵法的熏陶下，熟背四百多首古诗词，被媒介誉为"百年来成功实现经典课程化教学第一人"。

陈琴的学生并非个个天才，可是，却可以让天才学生望洋兴叹。这难道不正说明所有的孩子都是有丰富的潜能的吗？而其他接受课标学习的孩子六年毕业后，与这些孩子相差的岂止毫厘啊？

我很赞同陈琴老师的做法。我觉得，为了让生命焕发出更加绚丽的光彩，每一个生命个体都应当在有限的时间内，尽可能地多读中国古代文化的经典作品，并多元吸收文化营养。苏东坡之所以能在任何困难环境中都保持一种乐而忘忧的伟大情怀，成为世人景仰的文学大师，就因为他从儒、释、道三家的思想精髓中吸取了营养，并内化成为一种属于苏氏思想性格的美质。苏东坡的这种文化积累与思想升华，正源自他小时候对中国经典文化的多元吸纳。

学习古代文化，对文意的理解与诠释固然不可或缺，读好、背会更为关键。可惜目前的中小学生对中国古代文化的学习还多是停留在浅尝辄止的层面。唐代文学学会会长傅璇琮曾结合自己的经历讲过这样一段话："加强对古典文学名篇的阅读和记忆是尤为重要的。我小的时候，也曾在父亲和老师的强迫下背诵了一些还不能理解的古文，虽然当时不得要领，但随着年龄和阅历的增长，却发现那些东西已渐渐内化为自身的修养，成为思想的精髓。"

老舍的儿子舒乙先生也说，北京圣陶实验学校七八岁的孩子对《论语》《诗经》等古代文化经典作品都能背得滚瓜烂熟，虽然当时并不理解其中的意思，但到了小学五年级的时候，自己就慢慢地理解其中字词的意思了。他说，等到他们年纪大了以后，孩提时代在课本上学过的东西很多都忘记了，但唯独背诵过的一些古诗词耳熟能详，由此内化而成的自身的思想、性格与修养，更是如影随形般地跟随人的一生。

中国古人数千年的学习都很注重朗读与背诵。现在将这种方法拿来为我所用，似乎有点不合时宜的"落伍"，也同当今教育上极力主张的求新求变与让学生多思多想背道而驰。但我们不能只看表面。中国古代几乎每一个时代都产生了让世界瞩目的大思想家、文学家。从春秋战国时期的孔子、孟子、老子、庄子、荀子、孙子、屈原，到清朝的大文学家曹雪芹，无一不是世界级的大师。他们用的就是最"笨"的方法——朗读与背诵。另外，古人学习讲求"取法乎上"，学生起始阶段学的是"四书""五经"等高层次的文化经典。古时候一开始就让学子去背诵，现在有些老师开始就要学生去"创造"；古时候强调文化积淀，现在则空喊创新。什么文化积淀，什么厚积薄发，在"现代教育"中似乎都重视不够。如是以往，休说诺贝尔奖与中国无缘，大思想家、文学家难以诞生，就是产生有点名气的大学问家也难乎其难了。一味刻意地逐新求异，丢失的不仅是中国传统优秀文化，更是自己的个性和中国文化学习的本质东西。朗读与背诵这一最简单、也是最奏效的学习古代文化的方法，千万不要再将其视作污水般泼掉了！我希望现在的中小学生一定要沉下心来，在时间允许的情况下，多读多背一些古代经典作品。这会对一生都有好处。家长们如果能够认识到经典的妙处，也一定要多让自己的孩子背一些，为他的未来成长打下坚实的地基。

经典的东西为什么能叫经典，就是因为它是历经了时间和空间的考验，被证明是对人类有好处的东西，才被留传下来的。多背这些好东西，懂得这些千古不移的真理和规律，就等于在不断强化孩子头脑里那些真、善、美的脑神经啊。

我还了解一位非常有国学功底的家教专家，叫蔡笑晚。他写的几本家教书在中国都极为畅销，其中第一本叫《我的事业是父亲》。他有六个孩子，五个博士，一个硕士。他在教育孩子的品德和学习方面，就大量借助了经典的力量。而且他还给自己的孩子们起了带"子"的别名，以此激励孩子向古圣先贤们学习。

蔡老师的成功家教，很值得家长们借鉴。他的几个孩子小学多是在农村上的。他全家都在城市，为什么孩子在农村上学呢？因为城市有相关的规定要求，不到入学年龄不让上学。而他的孩子都从小在家接受了自学训练，基本四五岁都已掌握了小学初年级的知识。蔡老师有一个理论，早上学，结合自学不断跳级，尽早进入大学门槛。可城市里没有小学接收他的孩子，他只能到农村找能接收他的孩子的学校就读。他认为，学习的要义，要把知识架构搞清楚，成绩不要求顶尖，过得去，知识掌握了就行。但一定要尽早考入大学，因为大学才是真正学习的开始，而且要尽力往高处、深处上，全力进入知识的塔尖，为国家、为世界贡献自己的才智。他的小女儿28岁已经是哈佛的博士生导师，在很多人还在读博士的时候，她已经在教比她还大的博士了。通过早上学、跳级等，浓缩了学习时间，无异于拉长了生命。

在整个学习过程中，他一直引导孩子排除一切干扰。他说："当其他的父母把3岁以内的幼儿期看成是无知的蒙昧阶段，让孩子最宝贵的智力开发期白白流逝过去时，我们却认为孺子可教，尽早地开始了早期教育。当其他父母把5岁左右的孩子托付给不懂教育的人或者进入不正规的幼儿班而让孩子染上许多不良习惯时，我们在策划如何让孩子早读。当其他父母发现孩子智力不俗，满足于各种比赛获得的优胜奖状时，我们却在策划如何利用优势，争取时间，让孩子进行跳级或读少年班。当其他父母发现孩子很优秀，拼命地给孩子到处宣扬、预支鲜花，徒然增加孩子心理压力时，我们却尽量让孩子不露锋芒，保持平静，使他们在没有压力的环境中，轻松地按照自己的愿望去发展自己。当其他父母把考上大学作为孩子的最后胜利而感到心满意足、松一口气时，我们正在鼓励孩子说考上大学是求学的真正开始。"正是因为他对于潜能、对于学习有如此清醒的认知，才使他培养出了五个博士，一个硕士，被称为"神奇家教"。但他一直说，我这六个孩子，没有一个是超常能力的孩子，都和普通的孩子是一模一样的。所以他的家教方法是普适的。

所以，一方面要相信潜能；另一方面要排除干扰，才能创造奇迹。

魏书生：对，只要相信人的无限潜能，我们都可以创造出无数的潜能开发的方法。而且就算自己想不出太多方法，也有很多这方面的先行者的方法可以借鉴。同时，要想让孩子排除干扰，家长的抗干扰能力要强。首先自己就不要受消极信息的影响，不要让自己满足于低层的欲求，而是多训练自己和孩子那积极向上的脑神经。

陶继新：真正有眼光的家长，都很关注孩子潜力的开发，孩子有着无穷无尽的潜能啊！大脑真是深广不可测啊，心理脑科研究发现，人到80岁的时候，脑细胞会大量死亡，但是它的再生量却远远超过死亡量，它还在增长。所以，人到老年，也是有潜能可挖的。对大脑这个系统一旦研究透了，我觉得将会创造巨大的奇迹。现在就是考虑怎么有效地来开发我们孩子的潜力，一旦开发出来以后，他自己也有了自信。

潜能开发有很多方法，现在有很多人从事这方面的研究。比如我们常听说的右脑开发理论，就认为人们的右脑中潜藏着巨大的能力，比如全相记忆能力、超高速阅读能力、直觉感知能力，等等。

去年我到山东省肥城白庄矿学校采访，校长邱绪岩对我说："陶老师，我搞了一个右脑开发实验。您可以给他们说20个成语，您只说一遍，他们就能给您复述出来。"结果就叫来了20个孩子，有初中生，也有小学生。我们当时一共去了8个人，8个人一人给他们出了两三个成语。全写出来以后让我给他们念，我念的时候，他们在那里静静地听。我将这20个成语读完一遍后，就有一个女孩给我背诵了一遍，准确无误，一个词也没错。第二个女孩更厉害，她说："陶老师，您说第几个我都知道。我倒着背也一样。"我说："能这么厉害吗？"我随机选了几个一问，她回答得完全正确，接着倒着顺序抽查也是一样正确无误。这个潜力一旦开发出来，他们在背诵英语，背诵中文，背诵历史、地理等各个方面的知识，都会很快。一个小女孩跟我说："陶老师，我现在背诵英语，速度远远超越没经过右脑开发训练的学生。"这个问题真的是值得研究的一个话题。应用好了将大大提高孩子们的学习效率。

魏书生：我在教学期间，常带着学生做一分钟注意力体操，进行无规则数字板练习、一分钟读背训练等，都是缘于右脑开发理论的启发。效果非常好，对于孩子增强注意力、加强记忆力很有好处。

陶继新：开发右脑也好，开发其他方面的能力也好，都应当成为家长关注的大问题。从小开发了这种潜能，这种潜能就会随着年龄的增长而不断地扩大，从而让人生具有更大的发展潜力。

魏书生：是啊，小孩子记忆力好，及早开发，对于他们一生的成长，都是大有益处的。

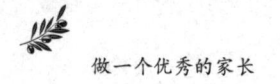

第七章　学会生存

人多不足以依赖，要生存只有靠自己。

——拿破仑

苦难是人生的老师。

——巴尔扎克

陶继新： 现在的很多家长，对孩子太过娇惯，孩子一旦离开家长之后，就无法生存，甚至闹出很多令人啼笑皆非的笑话。比如好多家长得跟到大学里，为自己刚上大学的孩子撑起蚊帐，铺好床铺，甚至洗好衣服。这样的大学生连起码的自理能力都没有，将来如何去独立生活？所以，作为父母应该从小就让孩子学会一些生存的能力，让孩子学会对自己的未来进行规划并为此付出努力。比如让孩子养成锻炼身体的好习惯，让身体始终健康；养成交好友的习惯，从他人身上学到书本上学不到的一些东西，扩大孩子的视野；让孩子养成学习的好习惯，学会适应周围的环境，适应不同老师的教学风格、适应不同同学的性格，在适应的过程中孩子的包容性会越来越大；让孩子学会独立，不能再一味地麻烦别人，自己的事自己做，正所谓求人不如求己；学会严于律己，认真对人，认真对事，等等。

您在培养孩子的生存能力方面是很下了一番功夫的，很想听听您是怎么做的？

一、磨难是成长的阶梯

魏书生：怎么做？还是要从我说的那些习惯说起，我说我为什么当一个教育局长，抓的头等大事却是家务劳动呢？因为一个人的生存能力应该是从家庭开始的，就像您的外孙女，您说她从小可以自己整理文具盒、书包、书桌，这不是最简单的生存能力吗？如果孩子这么大了，他能做的事你不让他做，等于什么呢？等于剥夺了他增长生存能力的机会，他能做的你不让他做，那么他学习这个能力的机会被剥夺了，被家长给占有了，那么他的能力就被削弱了，于是他就觉得这不是我的事了。

再大一点儿，孩子大一点儿，可以让他试着学做饭，有的真就是很小就会做饭了。说一个简单的例子。洪战辉的例子，我对他说："哎呀，战辉啊，你怎么那么点儿就什么都会啊？"

他说："魏老师啊，我就是在意识到我们这个家庭，我要撑起来的时候，开始学的。我妈妈没有了，爸爸卧病在床，捡来的小妹妹还不懂事，我不支撑起这个家怎么办呢？我只好13岁开始买粮、买菜、洗衣、做饭，做着做着，就都会了，这方面我也就比一般的孩子强。当我觉得我比别的孩子强，别人做不了的事情我能做的时候，魏老师，我的自信心反倒增强了。"

洪战辉就是2005年"感动中国"十大人物之一的那个孩子。我把他请到盘锦，给我们盘锦市的孩子做讲座。1994年，洪战辉的父亲突发间歇性精神病，造成妻子受伤骨折，女儿意外死亡，家里欠下巨债。随后，父亲又捡来了一个和女儿年龄相仿的女婴。面对沉重的家庭负担，母亲离家出走了。年仅13岁的洪战辉，默默地挑起了伺候患病父亲、照顾年幼弟弟、抚养捡来妹妹的家庭重担。这副重担，洪战辉一挑就是12年。为了挣钱养家，他像大人一样，做小生意、打零工、拾荒、种地。他利用课余时间卖笔、书、磁带、鞋袜，在学校附近的餐馆做杂工，周末赶回家浇灌8亩麦地。在兼顾学业和谋生之时，他牺牲了几乎所有的休息时间。为了带好捡来的妹妹，洪战辉费尽心血。每天晚上，他都让妹妹睡在内侧，以防父亲突然发病伤及妹妹。妹妹经常尿湿床单、被子，他就睡在尿湿的地方，用体温把湿处暖干。从高中到大学，他将妹妹一直带在身边，每天都保证妹妹有一瓶牛奶和一个鸡蛋，自己却常常啃方便面。在怀化念大学的日子里，他安排妹妹上了小学，每天不管学习多忙，都坚持接送妹妹，辅导妹妹功课。后来他又成立了"洪战辉教育助学责任基金"，帮助了无数的人。

"感动中国"对他的颁奖词是这样写的："当他还是一个孩子的时候，就对另一个更弱小的孩子担起了责任，就要撑起困境中的家庭，就要学会友善、勇敢和坚强。生活让他过早地开始收获，他由此从男孩变成了苦难打不倒的男子汉，在贫困中求学，在艰辛中自强。"

你说十几岁开始支撑一个家，还得赚钱养家，并把不懂事的小妹妹一天天给抚养大。这是常人所无法想象的啊。洪战辉对我说："魏老师，因为我能力越来越强，我自信心反倒越来越强了。我不跟别人比，人家都是爸妈给做饭，我没人做啊，我爸不能做，我不做怎么办呢？于是我就觉得我比别人强，别人爸爸妈妈给他们做，我自己能做，我非常自信。我的学习也没有落后。"他在小学学习领先，初中还是领先的，因经济所限当然考上一般的大学，可帮助了很多人。他说："我的生存能力怎么练的，就是因为这个家只能是我扛起来，当然我就越来越觉得自己能够做事，做的事情越来越多。而很多同学学习还不如我，他们的爸爸妈妈什么都给他干。"还有一个家长跟我说："魏老师，我那个宝贝儿子啊，我可心疼他了，我什么都舍不得让他干，让他一心去学习。你别看他16岁了，我从来没有让他洗过一次袜子。"我说您继续努力吧，您最好洗到60岁，您洗到59岁不洗孩子都有意见啊。为啥啊，都洗这么多年了，不差洗这几年。我说您这是养儿子吗？您这不是整个把孩子给坑死了，孩子本来可以具备多少能力您都给剥夺了。结果这个孩子学习不是很突出，然后呢，跟别人关系还不是很和谐。原因是什么呢？他总觉得别人欠他，别人对他做得不够。我说您一定得改变一下观念，孩子能办的事，咱别替人家办啊。

再看看人家那个洪战辉，念了大学，把小妹妹带了去上学，多不容易啊。他在小时候赚钱养家，卖东西，推销东西时，让别人给打了，把眼睛都打坏了。当他到了大学，打他那个人住院啦。洪战辉说："魏老师，我还把卖东西、推销赚来的那些钱，拿去帮助他。"我说为什么？他说："魏老师，我觉得这是生存的需要。化怨，以德报怨，这样呢，我可能朋友更多，而且我的能力更强。"你说他活得多有自信心啊！而且人家发言，还说："不是我感动了中国人，而应该是这些人被自己感动了。因为这些人心中原本就有爱心，心存责任。"

陶继新：洪战辉的事迹，真是太感人了。这再一次验证了，苦难是成就一个人的巨大礼物。它是上天留给世人的一种考验，许多人通不过这场考验，逃匿了；许多人承受了，于是走向了成功。洪战辉呢？他在勇挑生活的重担时，不仅锻炼出了坚强的意志力、非凡的生存力，更使他的心胸无限扩大，善意直达天地，"功成而不居"。

如果父母从小教育孩子把挑战困境看作一种享受，让孩子明白问题的大小决定了答案的大小。就像蚌把沙子变成了珍珠，那么孩子将来在社会上抗挫能力就会很强，不会轻易被外在的所谓逆境打败。实际上，一个人的成就大小往往取决于他所遇到的困难的程度。竖在你面前的栏越高，你跳得也越高。当你遇到困难或挫折时，不要被眼前的困境所吓倒，只要你勇敢面对，坦然接受生活的挑战，就能克服困难和挫折，取得更高的成就。这就是著名的跨栏定律。跨栏定律是一位名叫阿费烈德的外科医生发现的。阿费烈德在解剖尸体时，发现了一个奇怪的现象：那些患病器官并不如人们想象的那样糟，相反在与疾病的抗争中，为了抵御病变，它们往往要比正常的器官机能强。这个发现最早是从一个肾病患者的遗体中发现的。当他从死者的体内取出那只患病的肾时，发现那只肾要比正常的大，另外一只肾也大得超乎寻常。在多年的医学解剖过程中，他不断地发现包括心脏、肺等几乎所有人体器官都存在着类似的情况。因此他撰写了一篇颇具影响的论文。他认为患病器官因为和病毒作斗争而使器官的功能不断增强。假如有两只相同的器官，当其中一只器官死亡后，另一只就会努力承担起全部的责任，变得更加强壮起来。

有一句老话：如果这件事毁不了你，那它就会令你更加强大。苦难并不是绝对的，它对弱者是万丈深渊，对强者来说却是向上的阶梯。

魏书生：所以，别小看这做家务。要学会生存，也是从小事做起，从家庭做起。让孩子做他自己能做的事，绝不是给他增加了负担，而是开发了他的潜能，增加了他的能力，提高了他的素质。不让孩子做他能做的事反倒是剥夺了孩子生存的机遇，剥夺了他今后发展的机遇，腰斩了他的精彩生命啊。所以从家庭、从家务做起，那么他的生存能力定是非常巨大的。洪战辉，一个十几岁的孩子，在竞争这么激烈的现代，他能把钱赚来养活家，你想潜能多巨大啊，生存能力多强啊！那么咱们一般正常家庭的孩子，生存压力比他小多少倍啊，再不创造点机会给孩子锻炼，孩子不就太亏了吗？所以，一定要训练孩子的生存能力。

在学校孩子能够做的事，学校让孩子做，在家里能够做的事，家长尽可能地要支持孩子自己去做。别又怕影响孩子学习了，发些无谓的忧虑"我的孩子管的事是不是多了"。在学校，我们都知道，学生参加社团，是十分有利于他今后发展的事，有利于训练他生存能力的事，家长一定要支持他。人的能力就是在做他能做的事，不断提高他做事水平中增长起来的，多做事，能力越来越强。

陶继新：对，他本身就具备这个能力，稍微学习一下就可以学会，稍微练习一下就可以做得更好。

魏书生：没错，后期提供给他机遇，不断地强化、训练、强化、训练，能力，开发出来的。

陶继新：是的，每个降临到这个世界上的孩子都是带着令我们家长难以置信的能力而来的，家长不但要发现孩子的能力，同时也要给予这些能力得以施展的空间。当今之所以出现孩子能力下降，甚至出现很多成年人结了婚都要妈妈帮着去做饭的怪事，其实都是父母过分溺爱孩子，凡事越俎代庖结下的恶果。父母不可能跟孩子一辈子，及早地让孩子去做自己力所能及的事情，这才是明智之举。这种良好的意志品质的形成，不论是对其学习、生活、工作，还是以后的发展，都起着至关重要的作用。人的自理能力和放在任何环境中都能生存的能力，恰是从一些看似不大、其实不小的生活常事中培养出来的。

中国有句俗话说"穷人的孩子早当家"，而恰恰是这份"穷"成就了孩子的精彩生命。第四届全国十佳少先队员中有一个叫何蓉的女孩子，她的家庭原来像其他人一样普通而温馨，但突如其来的变故使这个家庭陷入巨大的困境，爸爸突然瘫痪在床，妈妈身心焦虑，也患上了胃癌。小何蓉说："经过家庭的变故，平素叽叽喳喳的我，仿佛一下子长大了。"幸亏她的两个舅舅全力帮忙，当他们决定为这个家请一个保姆时，只有5岁的何蓉说："舅舅，您没瞧我也长着两只手吗？我能干家务活，我能给爸爸妈妈做饭，我更能照顾自己。"倔强的何蓉由此承担起了整个家庭的家务活，开始了艰难的自立。这个过程她是这样描述的——

穿衣、洗脸、梳头、烧开水，这些难不倒我。平时妈妈言传身教过，我也早已驾轻就熟；可是买菜、做饭、拖地之类的家务活，却使我陷入了尴尬的境地。当我握着立起来比自己还高的拖把时，调皮的拖把似乎有意地戏弄自己的小主人。我指东，它向西，故意不听我的使唤，把污水弄得满墙壁都是，急得我直想哭鼻子。我越恼火，拖把越捉弄人，地板上乌一块、亮一块，简直就像大花猫的脸。那一晚，为把拖把驯服，我一遍一遍地琢磨，直到夜深人静。邻居王奶奶一觉醒来，发现我家的灯还亮着，心疼地劝我早点儿休息。我哪里肯罢手,也顾不得王奶奶是否要睡觉,硬缠着她给我讲诀窍。经过反复练习,拖把终于不再欺生了,只是我的手掌上磨起了一个大大的血泡。

时间一长,无师自通,家务事一样样动手做来,居然像模像样。每天,我的家务日程排得满满的,6点起床,给爸爸倒痰盂,给妈妈倒吐物的桶子;接着上街买他们爱吃的热汤面,照顾他们吃饭,然后洗碗。收拾完毕后自己洗脸、刷牙、梳头,背上书包,并将饭蒸在煤炉上,才去上学;中午放学后先到市场买菜;晚上则是照顾父母吃饭,收拾饭桌,打扫房间,然后才静下心来做功课。

爸爸的病休工资每月仅61.8元,妈妈的工资虽因癌症从优对待,每月也仅有130元,经济的拮据是可想而知的。我知道家里的窘境,因而买菜积累了不少经验,掌握三个原则:一是刚上市的新鲜菜不买;二是买大人们还过价的菜;三是给爸爸妈妈买他们各自喜欢吃的菜。我自己呢,则将最喜欢吃的鸡腿藏在心里,买最便宜的菜吃。

以上是何蓉带着些幽默的自述,里面饱含着艰辛,但同时也可以让我们读出很多的自信和智慧。

真正的自信多是要孩子自己通过一次又一次的独立解决自己生活中的难题来获得的,这些社会性的行为带给孩子们的满足感和成就感是学习所不能替代的。当然,如果一个孩子在这些方面都可以从容处理时,他就完全可以独立安排好自己的学习,独立克服每一次出现的学习中的难题。不要剥夺孩子体会成就感的每一个机会,不要忽视每一个可以让孩子充满勇气面对生活的机会。

做每一件事情,都不能只看到这事本身和当时当地的表面结果,其实,有些东西是在长期的潜移默化中产生的。每一件小小的家务活里面都蕴涵着巨大的学问,在愉快的劳动中,会不知不觉学到很多东西。

二、放手是腾飞的前提

魏书生：有的家长，面对自己已经十七八岁的孩子，还像两三岁时那样爱法。尽管付出的是实实在在的、真心实意的爱，还是不能使儿女满意，甚至反倒使儿女更不喜欢自己。一位已经参加工作的女青年Q给我来信说："真受不了母亲那腻乎乎的爱，每天穿什么衣服都给我规定出来。还要给我梳头，我不让，她就站在一边指导，唠叨着该怎么梳。吃饭了，她非要给我盛好，还要给我夹菜。天天这样，使我感觉很不自在。现在我毕业了，参加工作了，母亲还爱得这么细，这么具体，我一想起来，心里真替母亲难过。由于得到的爱太多，到现在参加工作了，我的自理能力还非常差。"

西方国家育儿的着眼点是培养孩子具有适应各种环境和独立生存能力的社会之人。基于这种观念，西方国家的很多家庭都十分重视孩子从小的自身锻炼。他们普遍认为孩子的成长必须靠自身的力量。

独立能力来自从小的锻炼。所谓锻炼是多方面的，诸如劳动锻炼、坚强意志的锻炼、忍耐力和吃苦精神的锻炼，等等。

西方国家的家长从锻炼孩子的独立生活能力出发，对孩子的教养采取放手而不放任的方法进行。

所谓放手，即从孩子生下来，父母就设法给他们创造自我锻炼的机会和条件。普遍做法是根据不同年龄让孩子做自我服务性的劳动。如一个美国家庭中有三个孩子，他们在家中都有各自的角色，10岁的男孩周末负责帮父亲割草、浇花、打扫庭院，12岁的女孩能根据不同的食品配方烘烤出各种各样美味的点心，8岁的小女孩会编织五颜六色的茶杯垫，等等。

至于西方国家的中小学生兼报童的例子，更是不胜枚举。据英国报纸推销站联合会统计，全英国约有50万送报童（《光明日报》1993年7月3日）。

稍大一些的中学生打工也是寻常现象，而且都得到家长支持。

一位英国人说："孩子打工挣钱，家长都不反对，甚至还鼓励。一则可节约一些开支，更重要的是可以从小培养孩子的自立意识……让孩子知道钱必须用劳动去换取。"

所谓不放任，一般反映在三个方面。

1. 宁苦而不娇。欧美的儿童少年，从小就从事送报、打工等劳动，这本身就是一种吃苦精神的磨炼。寒冷的冬天，当中国的同龄孩子可能还在热被窝里熟睡时，他们早已起来挨家挨户去送报了。这对娇惯子女的中国家长是难以接受的，甚至可能认为这是"残忍"的。

2. 家富而不奢。西方国家的家庭平均收入比中国多几十倍，但他们对孩子的零用钱都有严格的限制和要求。而且零用钱绝不作为奖励孩子的手段，目的是教育孩子懂得，他们努力学习完全是为了自己将来成为有用之才。对孩子的零用钱，美国家长更为苛刻。据调查发现，美国54%的青少年学生没有零用钱，而且年龄越大越不可能拿到零用钱。

更令人惊叹的是美国首富洛克菲勒，其子女的零用钱少得可怜。他家账本扉页上印着孩子零用钱的规定：7～8岁每周30美分，11～12岁每周1美元，12岁以上每周3美元。零用钱每周发放一次，要求子女记清每一笔支出的用途，待下次领钱时交父亲检查。洛克菲勒认为"过多的财富会给自己的子孙带来灾难"。

3. 严教而不袒护。西方人对孩子的缺点错误绝不听之任之，更不袒护，而是设法教孩子自己知错改错。法国人拉纳的儿子打碎了一位朋友的窗玻璃，拉纳夫妇并未道歉，而是让儿子自己抱一块玻璃去赔偿认错，还要求朋友对孩子不要有丝毫原谅的表示。

陶继新：确实如此，不要忽视任何一件小事，孩子的能力就是在很多看似微小不重要的事情上练就的。比如说吃饭，这是活下来的根本，你不吃饭就没法生存。但是现在好多家长，孩子五六岁了还是要喂，有的甚至还要家长跟在后面追着喂。这样的孩子，多数都很挑食，不是胖子就是"麻秆"，根本不健康。而在孩子小的时候或者是最必要的时候没有让其学会必要的生存能力,且没有在敏感期得到适度足够的锻炼,这个能力尽管晚上三五年也照样会了,但感觉却是不一样的。就像刚才那个吃饭的例子一样,这个孩子不仅身体健康被破坏了,他自身对自己胃口的感受能力也消失了。

做家长的一定要想明白一个道理,孩子虽然是因家长而出,但他却是一个独立的生命,有他独立于我们的人生。所以,作为家长,除了给孩子提供必要的帮助和引导外,更应该尊重孩子独立自主的需求,即使是孩子很小的时候。当孩子有了独立的决定,哪怕依我们的经验,知道这个决定有可能是错的,只要不是原则性的问题,出于对一个独立生命的尊重,都要给予支持。当孩子拥有了自己独立的决定和家人的精神支持后,就能够勇敢地活出他的人生,而在他自己决定的人生旅途中,不论是什么,他都会更愿意去接受,更愿意去为自己的选择负起责任,从而在这个过程中,拥有属于他的最独特的人生体验。

我的大女儿当年决定从很多人羡慕的《齐鲁晚报》辞职,开始自己全新人生的时候,我没有过多地干涉,只是给女儿写了一封信,用信的方式给予家长的建议,更多的是向她传达,不管什么时候,作为家长的我和我夫人对她都会无条件地支持。现将《给辞去公职的女儿的信》照录如下——

小梅:

你辞去《齐鲁晚报》的工作,一晃已有半月之久了,不知你心里是否真的高兴?两个月前,我从你妈妈那里得知你要辞职的消息后,我们父女间曾进行过一场争辩。当时你的态度非常坚决,你没有给我留下否决的权力。我自认为是一个思想比较开放的父亲,实际上一些传统的东西还在我的头脑里回旋不去。另外,也有对女儿前途的一种担忧,晚报是不少人向往而又难以进去的一个不错的单位,万一以后找不到更好的工作怎么办?

后来,我与有关朋友谈及此事,反应不一,但反对者居多。我迄今仍然认为这是一个冒险的举动。但是，你决定了的事，我还是坚决地给予了支持。我想，你还年轻，即使失败，也还可以在原地爬起来，去探寻新的路径；况且，也未必失败。WTO即将入关，经济一体化已成必然之势。现在多学学外语，去干自己喜欢的事情，对于适应未来挑战，也许是一个明智的抉择。

这一段时间，正是你最需要支持的时候，所以将单位发给我的旅游费3000元送给你，让你买个较好的手机。这点钱算不了什么，只是借此给你增添一些愉快的心境，一看手机，便知道还有父母在支持着你。

而且我还对你说过，如有经济困难，家庭永远是你的坚强后盾。但你却当即拒绝了我，说有能力养活自己，而且还会一如既往地孝敬父母。这令我非常欣慰，我感到自己的女儿不仅一直坚守着一种美好的品行，而且也渐渐地走向成熟。不过，家庭永远是孩子温馨的港湾，不管是精神上还是经济上，不管是在外显层面还是内隐深处，在支持女儿方面，父亲绝对是一个彻彻底底的慷慨者。

记得10月13日你的公公婆婆来家造访，适值你辞去工作的第二天。寒暄过后，我便比较和缓地将你辞职一事说了出来。尽管如此，这消息还是无异于一个晴天霹雳，尤其是你的婆婆，几乎当场晕了过去。我只好凭借三寸不烂之舌，滔滔不绝地谈说如此为之的正确性。甚至正在中国上海召开的APEC会议和WTO入关的景况，以及由此对中国未来发展的巨大影响等前瞻性的话题，也对从乡镇而来的两个老人都大谈了一通。你的公公毕竟当过多年的石油公司经理，不长时间便已眉开眼笑，认为自己的儿媳妇真有巾帼不让须眉的胆识与气魄。后来，婆婆也有了笑脸。其实，当时侃侃而谈的内容中，有些未必是我的真实想法，但为了解除他们两人的后顾之忧，并为你寻得更多的支持与理解，说些违心之语也就情在理中了。现在，我还不知道崇文的态度如何，我想，在这个时候，他会给你有力支持的。只要他真的爱你，即使临时想不通，以后也会成为你的强有力的支持者。

我感到你现在在这家公司干得并不太容易，但你认为寻到了属于自己的方位。不过，我还是做好了两手准备：一是你一路顺利，为你鼓掌和喝彩；二是你道路艰辛，失去信心时，我将给你有力的精神支持。父女的感情永远是血脉相通的，你不会放弃自我选择和自我发展的权力，我也不会放弃爱自己女儿的义务。我还是认为，从事商业与学好外语，对你来说仍是一个两难选择，孟子的"鱼和熊掌不可兼得"具有永恒的意义。学习绝对需要一个平静的心态和安静的环境，而从商不可能使你拥有这种心境与环境。我还固执地认为，目前学好外语是当务之急。你常说华子学习不太努力，但我总有自己的另一种看法。她这一年多的时间外语水平有了一个飞速的发展。一向浮躁的她，心态变得异常宁静。我常想，不用几年，她便会给我们一个巨大的惊喜。而我反而担心你在未来的竞争场上失去潜在的力量。所以，我坚持认为，你现在最好还是将主要精力放在学习外语上，而且去北京学习是上上之策，经商只是一个副业而已。当然，这还是我的一种建议，决定权依然紧紧地握在你的手里。但父亲毕竟到了知天命之年，况且对世事时情也颇有了解，其中未必全无合理的价值，望你深思后决定自己的行动。

爸爸
2001年10月26日

后来，经过一段时间的历练，从头开始创业的大女儿已经干得比较出色，也使我很是欣慰。而且一直成长得一帆风顺的她，通过商业的历练，对于世事人情、人性冷暖有了更多真实的认识。这一路上，她吃了很多从前没吃过的苦，甚至受过很多的冷眼，遭遇很多困难，但经过这些之后，她似乎更平和，更坚强了。女儿后来跟我说，这封信当时给了她无限的勇气，我的支持和理解让她倍感温暖。

大女儿从商五年之后，在她的女儿轩轩两岁左右时，因为意识到家庭教育对孩子成长的重要性，大女儿再次做了一个新的决定，考虑到经商需要全身心投入，而孩子的教育也需要全身心投入，她最终选择了放弃事业，在家里照顾孩子和研究学习家教知识。这一次，我和夫人再次给了她全力的支持。现在她已在家教研究中小有心得，孩子带得也很好，同时还常把她的收获分享给更多的家长朋友。她现在的自信从容甚至某些深刻，都得益于她这几次独立的决定、负责的经历。

魏书生： 的确是这样，家长要陪伴，但不能管制；要支持，但不能干涉。孩子对自己的人生负起责任的时候，可以使他们成长、飞跃起来。而如果在小的时候没有得到这方面的历练的话，长大后，面对同样的问题就会显得熟练程度不一样，能力的层次也不一样。

凡是孩子能做，时间又允许的事，就让他们自己做，在做的过程中一定会增长多方面的能力。引导他给家里做一些事情，承担一些责任。这使孩子感觉自己坚强了，长大了，就会增强责任感，并更深地体验到家长的甘苦辛劳，会在更深层次懂得爱。

陶继新： 当孩子独立做事的时候，不仅提升了自己的抗挫能力，还增加了自己生活的智慧和细腻的感受力。举个家务活的例子吧，饭后收拾餐桌这件事，绝不仅仅是收拾干净的事，想把这件事做好，孩子首先要把桌上的碗盘筷勺等先搬到厨房清洗池中，先端哪个，后端哪个，怎么端更快捷，更安全，都是要经过一番考虑的，这就有了一个在头脑中进行整体设计、统筹安排训练的思考。在端碗的过程中，如何保持平衡不使剩下的汤汁洒到地板上，又使孩子得到了一个平衡能力的训练。要用抹布擦干净桌子，还要注意桌下有没有撒落的垃圾，同时清理干净，这又训练了孩子的细致的观察力……所以，孩子一天到晚光学习，未必学习好。但是当孩子在学习的同时，又会动手，又会操作，又会盘算的过程，充分地刺激了他的脑细胞的发展，反过来又促进了他的学习。

我们山东有一位很出名的家长叫杨文，她是中国第二届十大杰出母亲，全国"为国教子，以德育人"好家长，她的孩子夏杨22岁的时候辞去百万年薪的工作，成为剑桥大学英国医学研究委员会分子生物实验室的在读博士生，并获得剑桥大学每年只有 10 人能获得的霍奇金全额奖学金。

杨文培养孩子的理念是"放养",而不是"圈养";不是放在温室里,而是让孩子学会自立,走向社会。夏杨很小的时候,杨文就有意将孩子推出去,从而培养他的各种能力。

杨文往往故意偷懒,让小夏杨代她行事。夏杨刚会说话的时候去看病,杨文就让他自己向医生说明病情,并且让他去挂号、买药,完成整个看病的过程;买车票的时候,也让小夏杨挤在大人堆里去买。

有的时候,杨文还有意与先生带夏杨去饭店吃饭。一入座,她就一动不动了,然后指使夏杨找服务员去点菜,去要餐巾纸。不是让他坐享其成,而是让他作为一个联络者和安排者。就是要通过一件一件小的事情,让他通过自己的语言和别人沟通,从而提高他的交际能力。

十几岁的时候,夏杨便可以应对各种社会问题了。

杨文说,现在,夏杨走遍天下母无忧。不管是在多元文化的认同方面,还是在各国与各种肤色的人的交往中,他都可以应付自如,游刃有余。是的,他不仅融入了社会,而且能够自立于社会,得到社会的认可。在某种意义上说,夏杨拥有了人生之行的通行证。

夏杨 17 岁第一次出国。因杨文轻信了中介的游说,认为夏杨要去的是一所专门为剑桥输送学子的优质学校。可是,当夏杨一人来到这所学校之后,才发现这所学校差到了极点,没有食堂,没宿舍,学生来源全是考不上大学的三流学生。夏杨只好租下一个小得可怜、设施异常简陋的房子,独自开始了异乡苦读的生活。

杨文赶到英国去看夏杨的时候,一下子惊呆了,一个月前还精神饱满的儿子,怎么可能变得如此孤独憔悴?一下子没了朋友,更没了亲情的关照,夏杨一个月瘦了 20 公斤。离开夏杨回国的飞机上,杨文一直哭了 11 个小时。她开始审视推出的爱是否有点太过残忍?爱子之心虽然浓烈,可是,一个瞩目未来的母亲,还是为儿子的这份特殊经历而自豪。她说,夏杨从此变得坚韧不拔,可以面对任何困难。夏杨也说:"这段经历给多少钱我都不卖,但给多少钱也不想再来一遍了。"

　　能力的培养要从小开始，从家庭这一社会的细胞开始。我们不能对孩子放任自流，也不能采取不信任的态度，更不宜包办代替。只要家长起到表率作用，信任孩子并指导得法，孩子的独立能力便会淋漓尽致地发挥出来。而且这种能力一旦形成，便会起到辐射作用，带动其他能力的提高，以至于以后在处理家庭以外的事情时，乃至于较大的事情，都可以游刃有余。实践证明，家长懂得放手之后，孩子的成长反而会加速。而且亲力亲为地做事让他们更能感受到家长的无私付出，同时也给了他们孝敬父母的机会。这样，就使他们同时拥有了成就感、幸福感。这种可以给孩子终身有用的能力的培养，我们的家长何乐而不为呢？

　　魏书生：有的家长担心放手会有风险，其实，放手不是冒险，而是让孩子通过种种实践机会，锻炼胆量和能力，从而也能学会防范危险。如果家长总是怕孩子出意外，总是保护得严严的，将来他真遇到什么事，可能还没有能力和勇气应对。这如同担心孩子摔跤，就不允许他去学习走路，结果是他将来会走得更为艰难。从这个意义上说，过度呵护也给孩子的安全留下隐患。

三、吃苦是幸福的序曲

　　陶继新：刚才谈到我的大女儿，她小学三年级的时候，我被借调到济南。我以前是在曲阜师范学校教学，我来到济南就把她自己留在了曲阜。在这期间，她自己上学、打饭、看病，整整一年。这一年对她整个一生成长的作用是很大的。她是一个对自己内心非常笃定的孩子，对自己坚信的理想无比坚持，独立而又有思想。大学毕业后，她找到了自己的第一份工作，成为《齐鲁晚报》的编辑记者，几年后，女儿的工作一直稳步上升，成为当时报社里最年轻的首席编辑。可是，这几年的工作也让她清晰地认识到，在这样的环境里，她能够一下看到自己十年、二十年后自己的样子，上升的空间太有限了。她对自己的成长有更高的要求，于是毅然辞掉这个当时很多人羡慕的工作。通过摸爬滚打、自我发现、持续学习，成长为现在的家教专家。这与她小时候这段生存能力的培养是很有关系的。这虽不是我有意为之，但是却成就了现在自信的她。那时候，我在济南靠借调工作的工资生活，原来学校的工资就由她管理支配。我每次回去，她都会给我报账。她比较节俭，基本不乱花，虽然我一月的钱很少，但她大部分都能节省下来。

记得有一次我回曲阜，那时候生活确实不好，我就带着她上饭店里吃顿水饺，改善一下生活。我给我们两人各要了一碗，我认为她吃一碗就差不多了。结果，她狼吞虎咽地很快吃完了一碗。我当时心里挺难受的，思女之情加上对她孤身一人的生活的担忧使我根本吃不下。我问她："还能吃一碗吗？爸爸不想吃了。""还能。"她回答得很干脆。结果很快两碗都让她吃完了。当时她的生活是很艰苦的，平时吃饭，都是自己拿着饭盆到学校食堂吃油水很少的大锅饭。但是她适应了，一直乐呵呵的。

后来，我们全家终于在济南团聚了。大女儿上小学因为家远，中午就不回家。我每天给她一元钱吃饭，当时的一元钱在门口的小摊上买饭菜是可以的。结果一段时间以后，有一次，我夫人发现在她的睡席下，竟然铺着一大片钱。一问，才知道，她每天只花两毛钱，五分钱一个馒头，一毛五一碗豆腐脑，剩下的钱都攒了起来。一直到她长大，自己都有一定数目的"小金库"。现在，她对于理财也很注意，会把收入进行合理分配。我想，这些都跟她在曲阜时那一段的"持家"经历是有关的。

现在有好多孩子，太过安逸，有的家长也有意给他们提供安逸的环境，其实这对于孩子的成长是很不利的。比如说夏天，如果家里有一台空调，肯定都会给孩子用，但是黄思路的妈妈王晶老师却反其道而行之，当时家里刚买了第一台空调，她对黄思路说，应当把空调放她屋里。为什么放她屋里有两个原因：第一当时他们家里有一台电脑，她用电脑，温度太高了不好；第二个原因呢，就是最好的东西应当父母先用。后来他们搬了一个新家，一下子买了两台空调,仍然没给黄思路房间安,黄思路就跟妈妈提意见:"人家都是有一台都安孩子屋里,你这里有两台不给我安。我还弹钢琴,夏天一弹钢琴浑身是汗。"但是王晶老师说:"将来你上大学,大学里有空调吗?未来你住的地方会有空调吗?可能没有。我们像你这个年龄的时候,天热铺一个席子在地上,躺下以后出一身汗,出的汗都能像人影一样印在席子上,你从小适应适应,对你是很有好处的。你在家里不用空调,你到了大学里住没有空调的房间你也能适应。但是你现在有了空调,到了大学里没有空调,你就可能适应不了,很痛苦。"

正是因为适应了艰苦的环境,所以黄思路16岁去美国,经历了很多的艰难挫折,都没有难倒她。她说刚到美国,为了节约开支,她要想方设法地省钱。"有一次忘带地铁月票了,舍不得花两块钱买一张单程票,也为了惩罚自己,硬是在大雪里步行了一个半小时。从小受到妈妈'自作自受'观点的影响,离家万里还在应用呢。"黄思路在跟我的对话中,很幽默地讲着艰苦。这种以苦为乐、苦中作乐的乐观,没有小时候的适应和练习,是不可能成为黄思路身上的品质的。

魏书生:家长们要引导孩子吃必要的苦。所谓必要的苦,是吃苦之后有利于孩子增长知识,开阔视野,增强体力。比如,背英语单词,做数理化基础训练题比较苦,但这是必要的。做偏怪异的题,一个生字被罚写50遍,也苦,这就是不必要的苦。我一直觉得,一个人不吃足够的苦,他的人格中就总缺少必要的因素而显得软弱。我20多年来反复向一届又一届的学生强调,人要全面发展,成为有成就的人,就必须学会吃苦。俄国作家屠格涅夫说:"你想成为幸福的人吗?那你首先要学会吃苦。"

在这一点上,西方的家庭教育做得比我们好。他们的育儿观、育儿方法着眼于培养孩子独立生存的能力,所以西方国家的儿童少年从小就表现出:

1. 很强的自立能力。他们18岁开始就不依靠父母,即使很富裕的家庭,在读的孩子打工的也不少。如,美国一位教授正读大学的女儿每周末都在一家餐馆做跑堂工作。

2. 适应市场经济的头脑。养成精打细算、勤俭度日的习惯。英国约克郡有兄弟俩（12岁、14岁），在其父职业的影响下，独立成立了洗车公司。哥俩干活儿认真，收费低廉。宁可多走路也去价格较低的商场买工具、车蜡、洗涤剂等，以降低成本，赢得顾客。

3. 适应社会环境的本事。由于从小的艰苦磨炼，西方国家的青少年不怕苦，有克服困难的毅力，遇事镇定沉着，能与周围人们和谐相处，有作为社会成员而独立存在的信心和勇气。相比之下，我们的孩子就有很多不如人家的地方。

我觉得国外家庭教育的育儿观和教育的方式方法，不一定都值得我们学习。但对照他们那些积极的，有利于孩子未来的育儿观、教育方式方法，能够找出我们在家庭教育中的误区来。

有个叫李伟的学生，父母对她就过于娇惯，母亲担心的不是她将来有没有顽强的生存能力，而是她今天生活是不是舒适，会不会受委屈。做母亲的老想自己小时候，"大跃进"、挨饿、地震、"文化大革命"、天灾人祸都赶上了，吃尽了苦头，尝遍了辛酸，绝不能让李伟再吃当年自己吃过的苦。于是起早贪黑地为她服务，甚至还为她梳头，为她洗袜子，给她的零花钱比洛克菲勒的孩子还多。这样孩子眼前确实是不吃苦，不受累，不缺钱花了，可是家长没想过，孩子缺少与困难抗争的经验和能力，将来遇到困难怎么办？面对竞争激烈的现代社会，没有吃苦精神的人将来能在社会中站稳脚跟吗？

后来有一次，李伟所在班级的老师给他们读了一篇文章《中国与西方国家家庭教育的若干比较》，李伟回家之后，谈起西方国家家庭教育的方式方法，感到很新鲜，很激动，也许是出于好奇，她还建议妈妈也这样教育她。

我劝李伟妈妈抓住这个契机，立即采纳她这个建议，并和她一起商量，怎样一点点地学习西方国家孩子自立自强、吃苦耐劳的品质。

我想，家长能学习西方国家家教的长处，在更高层次上关心儿女的成长。儿女一定会因家教层次的提高，而在德智体等方面都取得使人惊喜的进步。

陶继新：的确是这样，未吃过苦的人感受不到甜的美好，因为无法对比。

双目失明的孙岩，妈妈在培养他的生存能力方面"狠心"到很多人无法理解的地步。她心里也知道这对于孩子来说是多么苦的一种训练，但是为了孩子将来可以独立生活，她也只能狠下心来。

孙岩开始学走路的时候，也如其他盲人一样，伸出双臂，担心前面横亘着威胁其安全的障碍物。而且走的是内八字，难看而别扭。这个时候，妈妈沙彦华就告诉他："你要像正常人一样走路，你能像正常人一样走路！"她对他说，正常人走路的时候两只手放在下面，两条胳膊自然地摆动着。虽然如此，孙岩毕竟从来没有看到过正常人如何走路，所以他的脑子里没有一个正和直的概念。于是，沙彦华就蹲在地下，用手把着他的双脚，教他像正常人一样摆正，告诉他把腿放松，教他往直的方向走。走回来的时候，沙彦华又让他蹲在地上摸着她的腿和脚再走。同时，引导着他摇动双臂，像正常人一样摆动。如此反反复复地练，一点点地进步，同时，沙彦华不断地对孙岩进行鼓励与表扬。几个月后，孙岩真的如正常人一样走路了。

上小学的时候，孙岩家住六楼，和学校相隔两条胡同、一个闹市，学校的教室又在三楼，他却可以独自来往于这段路程。开大队会时，地点在剧场，学校离剧场有40分钟的路程，孙岩从来不让家长接送，和同学们一块儿去，一块儿来。1996年，他主演两集电视剧《假如给我三天光明》，排演的地方离他家很远，路上要倒几次车。孙岩却都是一个人到排演地，排演完再一个人回来。而有的身体健全的孩子，却是家长接送。可孙岩一点儿也不攀比，一点儿也不遗憾；相反，孙岩与他的妈妈都感到特别自豪。

学会走路只是第一步，人生的路还很长。如果孙岩没有一定的自理能力，不能和正常人一样地做事，他依然和其他残疾人没有太大的差别。沙彦华要教育出一个和正常人一样做事的儿子。

吃饭是生存必需，可孙岩面对饭碗，上嘴唇和下嘴唇应该放在什么位置都不知道，就像小猫小狗一样，趴在那里，把整个嘴都放到碗的中间吃，甚至弄得满嘴满脸都是饭。这时，沙彦华就告诉他，这种吃法不行，人不是这样吃饭的，只有小动物才这样吃。一定要把碗端起来，一只手端起碗，一只手拿着筷子，把嘴唇放在碗边上，用筷子把饭扒到嘴里吃。这对正常孩子也许是一件相当容易的事情，可是，对于看不见碗筷的孙岩来说，却需要很长时间的练习。沙彦华有的是耐心，她在指导孙岩吃饭的过程中，感受这个小生灵的每一点儿进步，享受一次又一次的喜悦。终于，孙岩可以和正常人一样吃饭了。他甚至会默默地为妈妈倒上一杯水，或为妈妈打来饭菜。

沙彦华常常对孙岩说，父母总不能跟他一辈子，只要自己能做的事情，就尽量自己做。沙彦华教会他洗红领巾、手帕、袜子等小东西，而且使之形成一种习惯。

孙岩和姥姥住在一个房间，每天都要摸索着给姥姥铺被子，准备洗脚水。为此，他曾不止一次地弄翻过脸盆，打碎过东西，划破过手指。父母也劝过他："别干了，这些事我们干就可以了。"没想到，他反而问起父母来了："总不干，以后咋办？"

在父母的指导下，孙岩学会了正常人会做的各种事情，沙彦华也一天天地放心了。小孙岩外出演出时，即使沙彦华不在身边，他的生活也完全能够自理，只不过质量稍差些罢了。沙彦华说，她不担心这个，只要他演出成功，思想上没出什么毛病就行。

在某种意义上，沙彦华给予孙岩的不止是如正常人一样地生活，还给了他一个积极的心理暗示。那就是，虽然双目失明了，可是通过努力，照样可以走进正常人的生活里，甚至比正常人生活得还精彩。

19岁的时候，孙岩考入中央音乐学院，成为这所大学的第一位盲人大学生，后又被保送上了中央音乐学院的研究生，成为这所大学的第一个盲人硕士毕业生。2008年残奥会的时候，他和钢琴大师刘诗昆同台演奏。现在在几十个国家演奏，场场轰动。

在"全国十佳齐鲁行"活动中，我请了一批全国十佳少先队员，到山东各地给父母和老师讲课，前后共计15天。我们每到一处以后，孙岩就在他母亲的带领下，到我们这个团队住的八九个房间转上一圈，记住谁住哪个房间。然后他妈妈再把他领到他的房间里，一一说明什么在什么地方。然后，他就可以如入无人之境一样，在自己房间里活动，到我们的房间行走交流。这令我感慨不已：一个双目失明的孩子，竟然拥有如此强的自我生存能力，而那些健全孩子却为什么连基本的生存能力都没有呢？

很多学校关注的只是学生的成绩，但很少关注学生的生存能力；很多家长也是为了让孩子有一个好成绩而承包了孩子除了学习以外所有的生活，但是，这是多么危险啊，无异于给孩子的未来埋下了一个不定时炸弹，有朝一日，会毁掉孩子。所以，请家长们一定要"狠"点儿心，要知道，现在让孩子吃点苦，至少他是在你身边吃的，你可以随时提供帮助和支持。当孩子通过独立的练习，已练就了以苦为乐的心境时，即使他远走天涯，做父母的也会放心了。如果现在只是享福，当孩子长大离开家长，或者家长无法在孩子身边时，孩子再吃苦就只能独自承担了。

魏书生：最有效、最直接的生存教育，发生在家长和孩子生活的每一天，每一刻，因为父母是孩子生存教育的第一任老师。生活是孩子生存教育的第一个课堂。作为家长，就要教育好自己的孩子，使他们不但能有日常生活的生存能力，还要有勇气、有能力面对未来社会的生存竞争和挑战，在竞争中得到生存和发展的能力。

第八章　快乐学习

发愤忘食，乐以忘忧，不知老之将至。

——孔子

至乐莫如读书，至要莫如教子。

——《增广贤文》

陶继新：魏老师，学习本身其实是一件很快乐的事情，但是好多家长在这一方面走错了路，他就让孩子不快乐。老师本来布置了大量的作业，孩子的负担已经非常非常重了，结果家长还要到书店里买练习题、辅导材料再让孩子做。我不知道魏老师您到下面县里书店看过没有？我去一看，感到非常吃惊，在这些书店里面，70％以上的书籍是学生辅导材料。为什么会这样呢？因为这类书籍的需求量大。为什么需求量大？因为家长、老师，都认为这些对孩子的学习是最必要了，特别是对考试有用。至于说对于孩子成长必不可少的一些优秀典籍，则是少之又少。

小孩子只有一个童年，初、高中生也只有一个青少年期，在其一生当中，这个时段快乐和不快乐，对于学习是主动汲取还是被动接收，对他一生影响都很大。在这段生命的成长期，孩子们的大部分时间是在学校度过的，主要的任务也是学习。如果学习不快乐，他当下的人生就不快乐，他后来的人生也很难快乐。在培养学生学习兴趣方面您走了一条非常正确而独特的道路。为了让孩子们可以找到让学习变成享受的方法，让家长可以寻到辅助孩子养成主动学习习惯的途径，使得孩子们对于知识是渴求而非厌恶，请您给家长们支支招儿，谈一谈如何让学生"快乐学习"这个话题好吗？

一、什么样的学习是快乐的

魏书生：怎么快乐学习？实际学习不仅是学生时期的主要工作，学习还是贯穿于人从生到死，从摇篮到坟墓全过程的一件大事。当然学习有两种，一种是自觉的学习；另一种是不自觉的学习，或者说主动的学习和被动的学习，或有效的学习和无效的学习，或有益的学习和有害的学习。

学习是贯穿始终的一件事，人生下来就不自觉地在学习了，甚至人到晚年，到已经瘫痪在床了，到不能走动了，你还在思考着，我怎么办？我上哪里去？我还需要什么？我还能做什么？他还在学着，所以说，学习是从摇篮到坟墓，都在进行着的事。只是呢，这种学习如果是主动的，那就很快乐。但如果是被动的学习呢？就是总让人家推着，别人说"你得开始学了"，完了就开始学；"你该做这个了"，完了就开始做。这是给人家打工似的学习。这样呢，他倒是也学了，事也办了，但是呢他办起来比较累了。为啥呢？你给地主扛活和给自己种自留地，那个快乐程度肯定不一样啊。我这个地是给地主种的，给地主种的我怎么种啊，种完了都给地主了。他的那个感觉跟给自己种的就不一样了。所以说主动学习是快乐的。

还有有害的学习和有益的学习。什么是有害的学习？你看人家那孩子吃的是什么,喝的是什么,住的是什么,玩的是什么,于是也非要自己父母给提供。跟人家比,一个穷孩子,总跟富孩子比,这就是有害的学习。你比完了,你还弄不来那些东西,学会了那些东西又没有钱,于是埋怨父母没本事。如果埋怨父母完了还想要,就可能采取不正当的手段去得到,把自己推入害人害己的地步,这就变成有害的学习了。有的人经常吹冷风、说怪话、发牢骚、放怨气,有的人可擅长发牢骚了,有的人可擅长说怪话了。遇到什么样的情况、面对多好的环境他都能发起牢骚来。你说要是学了这些,那不是把自己坑了吗?也跟着对社会、对他人、对集体、对环境发牢骚,到哪儿都能牢骚,这就是有害的学习。你说他能够快乐吗?特别是还有一种情况,看着那个家伙太霸道了,手下有一帮人跟着,好像挺威风啊,于是学学黑社会,学着霸道、拉帮结伙,那就是非常有害的学习了。或者看着那什么人当个官,有点权,能欺负老百姓,显得挺能,就也想当这样的官,这不是有害的学习吗?你像这些个有害的学习,学完之后,他能快乐吗?这都不可能快乐。

然后还有一种无效的学习,往往也会变成有害的学习。你看人家张炘炀跳级了,我也学着跳,这能行吗?人家是从很小的时候就有那个环境,父母就是那么引导的,他又有那个兴趣爱好,他一点点地拥有了这个跳级的能力。你突然想跳,你这些条件都不具备,你这就是无效的学习了,无效可能就会导致有害。看着郎朗弹钢琴,你也非得想弹钢琴,可自己也没有音乐天赋,又吃不了人家那苦,那这就是无效的学习了。你费了很大的劲儿,到时候却很难有像样的效果。

人要学习,要快乐地学习,就得去掉被动的学习,得去掉有害的学习,得减少和去掉无效的学习。于是,怎么的了,总从自己的实际出发,积极主动地学点适合自己的东西,你说他怎么能不快乐啊?循序渐进,按着孩子的步调和兴趣学习。三四岁的时候,学点音乐,学关注周围的事物,学涂鸦,学画画。四五岁的时候,背会了很多古诗古词,听着就愿意背,会唱很多好歌。有的就像您说的,不由自主地喜欢英语,就觉得外国这些单词、这些语言挺好玩,就把这个外语学着说出来了。循序渐进的,越觉得主动,越觉得好玩，他就越愿意学，越学越觉得别人不会我会了，大家赞扬我，又有成就感了，就更愿意学。于是他就成为一个良性的循环了。你说这样的孩子他能不快乐吗？这样的孩子真的都是快乐的。就是因为他是从小循序渐进地，一点点地，顺着自己兴趣来的，把有害的学习去掉来的。当然他就主动了。越学越愿意学，越快乐。越快乐越愿意学，哪怕不眠不休也不觉得苦，反而只觉得乐，于是螺旋上升，一辈子真是生活在快乐的学习中了。

所以孩子一是主动地学习，二是学有益的东西，三是循自己的序、渐自己的进地学习，他就真的能在快乐之中终身学习啦。同时，他学的又是适合自己天赋或兴趣的东西，那就更加快乐了。这孩子越发展越好。喜欢乐器的，弹钢琴、拉小提琴……喜欢声乐的，唱歌、唱戏……喜欢动作的，跳舞、杂技……喜欢创作的，画画、写诗……一进入自己的这个境界，他就快乐，就兴奋，就不想停下来。循序渐进，符合天赋，学得有益，于是这一辈子既有了生存能力，有了自己的立足之地，又有了灵魂的家园，一辈子踏实充实，越走越好。

建议当家长的，千千万万从孩子小时就要注意。第一，别让孩子学有害的东西，别在吃喝玩乐上使太大的劲头。吃喝玩乐的东西完全可以淡化。第二呢，再试着去发现自己孩子有的某一方面的天赋。例如舟舟的家长，看到舟舟虽然有先天的不足，但通过对于孩子的用心观察发现他有音乐的天赋，沿着这个道，善加培养。看舟舟指挥的时候，他多忘情，多快乐啊。第三，再让孩子循他的序、渐他的进，我们知道虽然郎朗的爸爸狠是狠，但是他还没有脱离孩子的实际。孩子吃点苦之后，但他能达到。如果孩子吃了苦还达不到，那就彻底把这孩子毁了。循序迈上这个台阶了，当孩子有点不愿意迈的时候，家长引导孩子必须迈上去，耐心地劝说："如果不迈上去，也许前功尽弃，也对不起自己之前的努力啊。孩子，上！"于是他上了，上去了，他就领略到新的幸福感，成就感了。于是下次遇到台阶就更愿意迈了。所有活着的人的幸福感和成就感中最坚实的，常常不是从外界得到多少，不是得到多少钱，升了几级官，得了多少名，这样的幸福感，常常不是最坚实的，因为钱得到也可能失去，升了官也可能再降下去，获得了名声也可能再丢掉，不是自己能掌握的。最坚实的还是来自对自我的一种超越。我昨天做不到的事，我今天做到了；我昨天达不到的高度，我今天达到了；昨天不会算的题，我今天会算了……那种豁然开朗感、顿悟感、轻松感、解放感、自豪感，比你吃好的、穿好的、得奖金、被人夸，都要坚实。当这种幸福感、快乐感，成为学习的动力、源泉的时候，你说咱的孩子这一辈子能不快乐吗？

陶继新：其实，人很多时候是自己思维的产物，每个人对事物的看法决定了他对这件事物的感知，而感知又往往能左右他的行动，并且赋予行动以动力。所以，如果想有积极的行动，就要有积极的感知。如何产生这种感知呢？就要建构起积极的思维。魏老师，您刚才的分析，正是如此。每一个热爱生命的人要快乐学习，也就都有了足够的动力。

要让孩子快乐学习，做父母的就得让孩子在做任何事情时不能带着太多的功利思想，还是我们上次谈话时所说的，要让孩子在根上修炼，也就是道德心性的一种修炼和提升。刚才魏老师您在谈的时候，我就在想一个问题，您谈的动机这一点太重要了、太妙了，就是要想享受学习，不能有太多的功利色彩，要有了太多的功利色彩以后，就很难享受了。

曾看过报纸上有这样一则消息：在两个大城市的两个班级做了"学习目的"的问卷调查，其中不乏这样的回答："学习是为了考上好大学，找到好工作，将来生活富足愉快。""为了家人和自己的虚荣心，考上好大学。""家长逼的，很无奈。""为了不让老爸老妈骂。""为了车子、房子、女子。"……回答可谓五花八门，其中大约有 80% 以上的同学都提到了学习是为了考大学，找好工作，将来过上好生活。从这些孩子的回答来看，他们的学习目的都带有功利主义的色彩。正是这种功利性，使得"学习"失去了知识获取过程中的乐趣，从而成为一种负担。如果我们学习一件东西纯然是喜欢，不是因为它能带来功利时我们就能享受它。比如我喜欢画画只是纯然的喜欢，在学画画的过程中不会去考虑将来出不出名，它对我的学业考分有没有帮助。这虽然在别人看来它是无用的，但是正是因为无用，它里面生出来的是最接近童心道心的一种如婴儿一样的东西。它看似柔软没有多大作用,但是到最后关头它反而是最威力无比的,就像一个有武功的人最高的招式就是无招。当代非常有影响力的艺术家、作家、文艺评论家、学者陈丹青曾经说过:"老有人来问我,你是怎么成功的?"他很诙谐地回答:"我没想到成功,我画画是因为我喜欢。成功观害死人,你要去跟人比第一名还是第二名,挣一亿还是挣两亿。我对一切需要比的事物没有反应。"可见人如果有太多的功利和欲望,反而学不到精华的东西,更别说享受了。因为他今天想得到这个东西,得到了,可他心里又不宁静了,因为他还想再得到更多,所以他心里就永不宁静永不知足。为什么诸葛亮说"宁静而致远"?心灵的宁静对于人生才是最为重要的。

现在的社会是一个浮躁的社会,功利之心蔓延,浮躁之气盛行,就是在应该相对纯净的学校里,功利和浮躁之气也慢慢地弥漫开了。老子说:"轻则失根,躁则失君。"就是要求我们不要太浮躁,要守住根本。我始终认为,如果太浮躁了以后,永远别想享受学习。浮躁的心里一定是很不愉快的,即使有了"快乐",也一定是很短暂的。而且这种快乐,也不是真正的快乐。

我们说要快乐地享受学习,我认为这个"享受",绝对不是像人们一般意义上说的物质享受,不是眼耳鼻舌身、色声香味触等感观上的享受。像我有吃的了,有穿的了,我有用的,有房子了,这些不过是一些基本的生活需要,顶多给人以舒适感。而更高层次的"享受"是一种精神愉悦,这才是我们应该致力追求的一种享受。

很多人看待学习是从一种很浅的层次来看的,好像学习是充满了艰苦、枯燥的,但如果深入每一个爱学习者的内在去了解的时候,就会发现,其实他们绝对是精神上的富翁,并且享受着属于他们的不竭的快乐。

彼德·巴菲特,股神巴菲特的儿子,在他写的《做你自己》这本书中,谈到他的父亲大多数时间把自己关在屋里,研究《价值线》《穆迪投资》之类的书籍和数以千计的公司及其股票统计分析。在彼得看来十分枯燥的课题,父亲却可以长时间心无旁骛地统计、分析,好比"僧人沉思禅经"。"专注"

是父亲定格在彼得心里的形象，是一种"近乎神圣的状态"，彼德说，因为那是他的兴趣，所以他可以长时间地专注其中、享受其间。

在我采访的第四届全国十佳少先队员中，有一位叫杨叶的小男生，他在 1994 年获得了全国物理知识竞赛的一等奖，而当时他还不满 13 周岁。别人形容他"像一片绿叶喜爱阳光般地渴求知识"。杨叶有自己的一个小斗室，那就是父亲用书橱、书架为他隔出的一个小小的"书房"。里面有 3000 余本书，而且房间写字台上是书，窗台上是书，书橱、书架上还是书，外加一台电脑，这就是他的一块天地。墙上挂着一帧书法条幅："术业宜从勤学始，韶华不为少年留。"这是他用来勉励自己勤奋学习的格言。

杨叶小时候读书并不出众，二年级时数字的概念也不强，爸爸叫他去买两根冰棒，要花多少钱，他也算不清，为此，还挨过爸爸的巴掌。三年级时，爸爸买了一些科学家的连环画给他看，《爱迪生》《李四光》《中国古代科学家》……他很有兴趣地将这些书读完，有的还读了两三遍。四年级时，有一天爸爸将拿来的一些超年级的习题给他做，做不出，就找一些数学书给他看，他看完这些书后，竟能将题目一道道地解答出来。从此，他学习入了迷。每天，除完成老师布置的作业外，还积极主动地学习更深一些的知识。他的这种超前学习，不仅能够很轻松地合上老师上课的节拍，而且积累了丰富的课外知识。《数学解题辞典》《世界数学名题选》《数学奥林匹克辅导讲座》《个人电脑新知》《傻瓜书》，他一本一本地翻阅，一科一科地学习，像一片绿叶吸收着阳光，渴求得到知识。

杨叶在学习中积极主动，从不满足。自己掌握的知识，遇到弄不清的问题，都要追问到底。他深深知道自己是学习的主人，所以他会抓紧分分秒秒时间学习。他每天都要带着问题去阅读一些书籍，学习中，老师、同学、字典都成了他的顾问。多少个夜晚，他就坐在灯下读书，解一道道的数学题……寒冬，冻红了手指，他忘我地学习；酷夏，汗水滴落在纸上，擦把汗再写下去。测验时，如果时间有多余，他会把题目用另一种方法再做一遍。杨叶说："学习中没有最好的，我只有加倍地努力，才能不断完善自己。"

杨叶的父母都是知识分子，为了让他更好地学习，用不太丰厚的薪金为他订了37种报刊，还为他添置了电脑。杨叶深知父母的甘苦，在物质生活上从不与同学攀比，从不向父母提要求。他的一只铅笔盒，是父亲用木板钉成的。"虽然土一点儿，只要能用就行了。"杨叶说。一只牛仔包，用了许多年，拉链也坏了，他在拉链两边打上排洞，穿上一根绳子，书本不会漏出来就行了。有的同学和他打趣："杨叶，你的这些东西可以送博物馆去了……"杨叶红红脸，笑一笑，心里想：送博物馆的东西不是更值钱吗？像他这样大的年龄，许多孩子都爱泡在电子游戏机边，坐在电视机旁，或者去游乐场玩碰碰车。杨叶却不愿在这些地方花费工夫，总是把时间用在博览群书上。爸爸妈妈给些零用钱，他积攒起来，便跑书店。他家住在浦东，却常常用星期天的时间，穿过隧道，或是越过南浦大桥，到浦西的文化街——福州路的科技书店、上海书店去买书，有些书，一本就是四五十元，他却从不吝惜。

外出春游，不少同学不但带许多吃的，还要向父母狠狠地敲一笔钱，出去吃个痛快，玩个痛快；杨叶则不然，他只带些面包、馒头，能吃饱肚子就行了。他在生活上对自己要求总是低标准，他说："艰苦朴素，可以锻炼人，促使我们奋发向上。"

杨叶追求的不是物质享受，而是精神上的富有。他平时穿着朴素，用东西很爱惜，从各个方面来看，他对自己的要求都很严格。进大同中学时，杨叶的体育不是太好，长跑也不快。于是，每天放学后，他就在校园的跑道上练习，使长跑能达到要求。一回课间，杨叶和一个同学喝汽水，那同学喝完便顺手将瓶子扔到树丛里，杨叶把它拾了起来，和那同学一起去小卖部还了瓶子。

中队选干部，杨叶当选了，他主动提出要当劳动委员。同学们都奇怪，劳动委员最苦最累，吃力不讨好，杨叶怎么主动要干呢？杨叶真做了，他干得乐呵呵的，为大家服务得很好。班上的扫帚坏了，他找来几根绳子，将扫帚扎好。扫帚扎好了，可他却成了一个大花脸。杨叶已考取了二胡五级证书。他每天都要练琴，隔壁的老奶奶生病了，为了不影响老奶奶的休息，他拿了胡琴，到公园去练习……不要以为这都是些琐碎的小事，这里有做人的道理和追求的目标。杨叶就是处处要求自己做一个刻苦的人，做一个奋进的人，做一个合格的人。他在自己的作文本上写道："实现理想就是把纸上谈兵变为真兵实枪，不论在什么方面，什么地方，什么时间，都要朝着理想奋进、靠拢。"

这样的学习，这样的生活状态，苦吗？在杨叶看来，肯定不是这样的，相反，他在不断提升着自己的过程中感受着充分的快乐，感受着精神上的极大富足。

我曾采访过上海一位叫丁力的"天才中学生"，在谈到她的学习经验时，她说道："学习要有兴趣，我每学一点儿东西便感到是一种愉快与乐趣，一天不学或少学了就感到不是滋味，我学出了兴趣，也可以说具有了持久不断地学习的兴趣。"而且，丁力从不偏科，她说："我认为每一门课都应学好，所以，即使原先讨厌的学科，只要学不了多久，就十分喜欢了，同时也就很快学好了。"因为她会自己培养学习的兴趣，有了兴趣，也就可以学好了。

所以，当学习成为一种兴趣，当学习成为一种快乐的时候，又有谁不愿意投入学习呢？很可惜的是，现在太多的孩子不爱学习，甚至憎恶学习，他们失去的绝不只是学业上的成绩，他们真正失去的是体会学习这一世界上最快乐之事的机会和体验，失去的是迈入快乐之源的精神世界的机会，从而与真正的快乐与幸福失之交臂。而这，将是其生命中最大的缺憾。作为父母，如果恰是那个把孩子的学习变成梦魇的人，恰是那个扼杀孩子的学习兴趣的人，那将是最大的罪过。

二、让学生体验学习是享受

魏书生：您说得很对。所以我让我的学生写《谈学习是享受》，就是要改变学生原有的限制性的思维。这同一个文章题目，您猜写多少遍，每位同学，入学写到毕业。《谈学习是享受》之一、之二、之三、之四、之五、之六……之九九，不断强化。我毫不讳言，同学们学习有苦的一面，这是毫无疑问的，这用不着论证。我不是始终说吗，苦和甜是相生相伴的，但是咱决不能总站在苦的一面去考虑问题，要更多地看甜的一面，分析一下这里面有多少份是享受。

学生才发现："老师，原来我没有这么想，原来都把苦的一面强化得太多了。以为写作业就是苦，去玩儿才是甜。所以我写一分钟作业我都觉得苦啊。"

我说："必须得改变对写作业的观念才行。我说写作业，除了苦没有甜啊？"

"老师，当全身心写作业的时候，不胡思乱想，不想玩乐，也不拖拖拉拉、不懒懒散散，那会儿心里觉得很自豪、很踏实、很宁静，有一种幸福感。"

我说："是啊，这本身就是幸福的。然后呢，写完了以后，不会的会了，不牢固的巩固了，又有一种快乐感、成就感。再要是联系起来这些作业呢？"

"联系起这些作业当然就上了一个台阶了，自己更成熟了、视野更开阔了、知识更丰富了、更幸福了。"

我说："是啊！当然还有一些外在的幸福了，因为你分数上去了，家长满意了，学校鼓励了，上级奖励了，那就更幸福了。除了这些外在的，你内在的幸福感有多少啊！"他说是这么回事啊，我说咱以后一定经常多这么想一想。

我们班还写过什么？《谈自己订学习计划是享受》。终身计划，十年计划，一年计划，一天做哪些事，把一天一年十年一辈子联系起来。老师，这么考虑问题是挺舒服，享受了。我说是啊，预习是享受，我强调把厚书读薄。我说同学们当你把十本书读成几本书，几本书读成一本书，一本书读成几页书，几页书读成一篇的时候，你才发现知识让你一归纳，网络这么清晰。1979年我让学生画"语文知识树",4部分,22项,131个知识点。老师,那么零乱的语文知识,现在变得这么系统了。有意思吗?老师,挺好玩的。画物理知识结构图,力学、电学、光学、热学,几个公式。大家说,真有意思啊。画网络,画数学知识网络,等等。"老师,这么学习非常有意思!"

把厚书读薄是享受,把薄书读厚也是享受,比如《谈适应老师是享受》。你碰上这个老师了,可能这个老师的性格是跟你不完全一致的,你不敬其师,不信其道,不学其科,你把自己坑了。反过来你想方设法转变,这个老师我能适应,另一个我还能适应,你水平不就提高了,你能力增强了,生存能力、发展能力增强了,是不是?"老师,这么想事是挺快乐。"

《谈自己留作业是享受》,学生说啦:"老师,您留的作业不写行不行?"

"干吗不写啊?"

"老师,我都会写了,再写不就脑力劳动变体力劳动了吗?"

我说:"人没有这样的训练,能力难以巩固,遑论提高。"

"老师,我不是不想写作业,就是不愿意写您留的作业。"

我说:"你想干什么?"

"我想自己留作业。"我说行啊,大家伙儿一块儿讨论,看行不行。全班同学讨论通过,老师可以不留作业。老师留了学生可以不写,但学生每个人必须给自己留定量的作业,每天语文一页,数学两页,英语两页,物理半页,化学半页。老师别突破这个量,学生别达不到这个量。学生管这叫大脑匀速运动,天天这样,1979年定的。"老师,自己留作业,就像自己种自留地似的,真是享受,多舒服啊!"

《谈整理错题集是享受》,向错题集要质量、要分数、要学习窍门。老师,整理完错题集我觉得自己越来越清晰,越来越会学了。

《谈互相出考试题是享受》,我30来年都是在期末考试前,让学生互相出考试题。假设自己是老师,我怎样出题考别人,考别人用不着心疼,由被动挨打变成主动出击。"老师,挺好玩的。"谁出考试题,谁做标准答案,他把自己不会的挑出来,考别人,一做答案原本不会的又会了,觉得挺有意思。

《筛选信息是享受》，咱们生活在信息的汪洋大海里头。大家想想看，发展、提速、结构、调整、利益重组、文件打架，如果不加以筛选的话，垃圾信息，像吹冷风，说怪话，发牢骚，放怨气那些信息，完全可能把你拽过去。你也跟着那些信息去没事找事，没刺挑刺，折腾自己，我说你这不是糟蹋自己一生吗？筛选出那些绿色的、积极的、向上的，学习那些多苦多难也乐观的人的，像洪战辉他们，像刘伟他们，不埋怨，不牢骚，怎么苦怎么难都乐观进取的信息。你这辈子学得幸福啊。"老师，真是这么回事。"

《谈大事做不了，小事赶快做是享受》，一个生字一个生字地认，一条格言一条格言地背，一篇日记一篇日记地写，一点一点在行动中改变，在做实事中改变。您这么谈，"老师啊，学习真是享受啊。"

《谈考试是享受》，学生最不愿做的事，也许就是考试了。写之前，大家首先不回避考试的苦，然后从另一面去思考考试的乐。有的说："考试前复习紧张，没有时间忧虑，没有时间烦恼，没有时间发牢骚，痛苦减少了，享受当然增多了。考前的学习效率往往是平常的两倍，乃至三倍，学习效率一高，当然有一种享受感、充实感。由于准备充分，考试时，一看试卷，觉得90%的题都很容易，当然越答越高兴，这时就有一种享受感。考试完了，成绩公布，考得好，父母亲朋、领导老师都高兴，都赞扬，都祝贺，当然更有一种享受感。考不好呢？及时发现漏洞及时补救，以便下次争取好成绩，比起没发现漏洞，隐患越来越大，最终不可收拾来，也还是要好得多，及时有效地补救缺漏，对人生也是一种享受。"这样思考，这样分析，学习生活中最苦的差事——考试，真的也会乐在其中，真的也能成为一种高层次的享受。

……

一篇一篇地写下来，学生觉得真是如此。"老师，当你强化学习中享受的一面、阳光的一面、乐观的一面的时候，学习真的就是一种快乐。"

陶继新：魏老师，您的精妙之讲，让我产生了两点感悟——

第一个感悟就是真快乐和假快乐的问题。什么意思呢？刚才您也谈到，有些家长让孩子玩儿、吃喝、享受，他认为这是一种快乐，这种快乐不能说完全不必要。而究其实质,这其实是一种虚假的快乐,是包裹着快乐外皮的真痛苦。而真正的快乐实质上是精神层面上的,精神上的快乐和愉悦才是真正可以伴随孩子一生的。只是这种精神上的快乐和愉悦是需要一双慧眼和一些努力方能得到的,因为它的外面包裹着一层痛苦的薄纱,只有戳穿这层薄纱,才能去尽享其中丰沛无尽的快乐。学习的过程,就是这个戳穿薄纱的过程,它的目的就是提高人的精神境界,使精神得到提升。

所以家长首先要有这种智慧,要有这种辨识力,要有这种深究本质的价值取向。如果这个方面不明白,学习就有可能成为一种痛苦无比,或者是无效的事情了。所以想让孩子明了学习是快乐的,家长的价值观,学习的取向,必须清晰明了。当孩子们眼中看到的,脑中不断思考的都是每一个问题、每一件事情中积极向上的、有益身心的方面时,他们的生命也就达到了同样的境界。同时,当孩子体会到这些美好的思想和行为带给自己精神上的富足感时,就很难再将他们带向负面、消极。

第二点感悟就是快乐有当下的快乐和未来的快乐,有显性的快乐也有隐性的快乐。为什么这么说?吃喝玩乐,似乎当下很快乐,也是很明显的快乐;但是吃喝玩乐是一种欲望的满足过程,它的快乐是没有未来的。比如人饿了,有一桌好吃的上来了,当然很快乐,吃的过程中也会觉得很快乐,随着越吃越饱,这种快乐就越来越少。如果因为饿还吃撑着了,快乐消失,痛苦反而来临。就算正好吃到饱停止,也会发现那种期待饭菜上桌和刚开始大快朵颐的快乐已消失无踪,代之以一种莫名的失落感。这种感觉只能等到下一个欲望再来临时才能消解。如果不能看破这个循环,就会为了驱散这种失落感,而寻求更大的刺激,比如吃更好的饭,于是一轮新的快乐消解之旅又开始了。长久以往,人就会陷入深深的欲望泥淖而难以自拔。这就是欲望的真面目,所以它是短暂而浅薄的。

而有益于自己和他人的学习则不然,这种快乐或许刚开始感觉不到快乐,甚至还因启动的过程缓慢而有些痛苦,但是随着学习过程的投入,体会到自身不断地超越、开阔、拓展感觉的时候,快乐便从隐蔽处显示出来,而当未知成为已知，并豁然开朗时，更大的快乐和满足便悄然降临，并促使我们走入新的快乐之旅。随着这个旅程的加深，快乐就已经成为学习的代名词了。就像您刚才说的，让学生领略自己出考题是享受的例子，刚开始的时候，他可能不会，有些小痛苦；但是您让他来出考题，为了难住他人，使考题出得有质量，他就要想方设法地出一些难题，于是他就投入了学习，痛苦开始有了转化，隐性的快乐渐渐显露。出难题可自己不会，都不知道准确答案，都不了解解题过程，怎么办？于是他会主动地去学习这一方面的内容，直到把这个题弄懂搞清，这时，学习因主动而快乐起来；当考题出完，他也完成了整个学习过程，而且因考题出得好，难住了抽考题的同学，他要去指导对方学习，自己又体会到一种分享知识的更大的快乐；老师看到他出题出得好，大加表扬，增强了他为下一次出考题的信心，他更愿意接受新的挑战，焕发出更大的生命活力，于是他的快乐盈满身心，并期待更大的未来的快乐。

山东省聊城市实验中学李志猛校长，就尝试着让学生自主命题，效果非常好。李校长认为，学生出题的最大好处就是学生通过出题能够将所学知识再梳理一遍，重点难点必须知道，出什么类型的题也得了解，能够让学生自主地去学习，这样让学生学习的目的就达到了。同时，在出题的过程中，如果有不会的，学生会想办法问老师、同学、家长等周围的人，这样无形中充分利用了家庭和社会的教育资源。另外，因为每个学生出的题都是让别的同学来做的，这样，为了给其他同学留个好印象，学生们在出题时会特别注意认真书写，这样他的书写水平又得到了提高。考试结束后，不排名次，只是通过考试检测学生有没有学会，让分数回归到本质。

学生自主命题，也是对他们的一种特殊信任。信任的力量是巨大的，它过滤了被动与无奈，拥有了积极与主动。在积极与主动状态下的学习，多能抵达事半功倍的境地。现在关于高效教学与学习的研究非常多，可是，如果只是从方法技巧上着手而不从根本上考虑的话，往往达不到预期的效果。因为任何的改革，人的因素都是第一位的。人有了能动性与没有能动性，方法一样，结果却是大相径庭的。学生自主命题，激活了学生的积极能动性，也就等于开启了学生走向高效学习与快乐学习的大门。

教师出题与学生自己出题的差异还在于，前者是学生不知会出什么题，甚至认为教师是在为难自己，是消极的，应付的；后者呢，是学生在研究出什么样的题，为什么出这样的题，怎样回答这样的题。这个过程，就是自主地对学习内容不断研究与深化的过程。这个过程，不单是对所学内容的考查，还是对已学内容再认识再深化的过程。于是，考试就有了特殊的意义，就有了"温故而知新"的可能。

这所学校的学生对于自主命题很有兴趣，还写了不少文章呢！其中的内容也很好，比如七年级（3）班张晓宇同学说："当听到老师说我们（3）、（4）班出政治题时，我乐得一蹦三尺高，乐了我三四天，真的，说实话这个消息真的能让人乐坏喽！但，同时肩上也担负起重大的责任。就如政治老师所说的，全年级考试就用我们（3）、（4）班出的题，我们出不好，不就丢了（3）、（4）班的脸吗？所以要慎重出题，争取让全年级的班级羡慕我们，不要让他们笑话。我也知道，老师选我们班是对我们有更高的希望，所以我不能辜负老师，我们班不能辜负老师……这次出题让我当了一次老师，体会了老师的感受和老师的劳累。"

七年级（4）班的王娜娜同学在《我们是棵"树"》一文中这样说：在出题时，我们班积极讨论，踊跃思考，大家都说出了自己的看法，一起出了一份不错的题。经过这次出题，我获益匪浅，我很感谢老师给我们这一次实践能力的机会。也许，这是一次对我们能力的考验，让我们在春天种下一棵属于我们的"知识树"吧！

学生所言，情真意切，令人感动。是的，让学生出考试题，这在他们整个学习过程中，是想之未想的第一次！兴奋与激动，也就在情理之中了。更重要的是，他们有了一份沉甸甸的责任，有了一份舍我其谁的使命感。为其他同学负责，也是为自己负责。看来，出题的过程，也成了培养学生责任感的过程。教学与学习，就有了道德意识，就有了人格培育。这才是真正意义上的教育，不是知识的学习与积累，而是在学习知识的过程中，升华了自己的人格境界。

人们常常说，学生是学习的主人。可是，不少人只是停留在口头上，成为一道虚假的风景。其实，学生不但是学习的主人，还是考试的主人。而且，这种主人意识还会绵延，还会向其他方面辐射。当学生在更多方面都有了主人意识的时候，他们也就有了更大的发展动力，更大的发展前景。

魏书生：学生自己命题，对他们的提高是多方面的。他们会因此越来越自信，也越来越有能力。

三、让孩子从小喜欢上学习

陶继新：学习技能也好，学习知识也好，学习智慧也好，从学习的过程来说，都应当是快乐的。心理学研究发现，童年或青少年时期的成长经历和心理体验，会深深影响孩子的一生。所以考虑到孩子的未来发展，父母应当想一切办法让孩子在汲取知识、开启智慧的时候，同时享受到学习的快乐。

我前面谈到的老咪，她爸爸深得此道。她小时候住在济南军区大院里，紧邻着英雄山。在老咪一岁多不到两岁，刚刚开始说话的时候，他经常带着女儿去英雄山玩儿。老咪玩的时候，她爸爸就给她讲故事。都是有趣的故事，孩子百听不厌。而且有时还会随机地给她编故事，看到一棵树木，就编树木的故事。同时让她也编故事。正是这样的练习赋予了老咪深爱大自然的本性和天马行空的想象力。您原先说过，听说读写是一个人基本的语文能力，这种练习使当时还不识字的老咪的表达能力大大地发展。而且孩子是有灵性的，语言之于他们没有规矩，没有限制，反而会时不时地突发奇语，很多时候老咪说出来的话就像诗一样，甚至很有哲理。她爸爸对她说："老咪，你这句话，大诗人才能写出来。""那我还会说。"在这种不断地激励下老咪越说越多，越说越好。慢慢读书认字写字，老咪4岁就开始把她那些富有童真和性灵的诗记录下来。写诗写到 6 岁的时候，老咪爸爸就给老咪出版了她的第一本诗集。所谓的出版就是给她装订成册，然后让她拿到学校里去了。拿到学校以后，老咪对老师说："您看我出了一本诗集。"

老师说："这不是真诗集，没有出版社、没有书号。"

她回来就跟她爸爸说了，爸爸对她说："尽管没有书号，这也是你的诗集。你想李白那时候也没有书号，但也叫诗集。"

她一听，又问："那我的诗跟李白的诗，谁的好啊？"

爸爸说："李白写不了你的诗，你也写不了李白的诗，都非常好。"

老咪爸爸后来调到青岛电视台，他是如何带领老咪学习的呢？两个人一起读书，读了以后两个人会产生很多感想，每每有感想时就会彼此拿出来分享交流。他常陪着她去玩儿，孩子毕竟还是喜欢玩儿的，她就提个小篮子，篮子里放一把小铲子，然后里面放一本书。这些书，都是高品位的书，远远超出一般人的想象。她上小学六年级的时候，山游时带的就是尼采的《查拉斯图拉如是说》，到了沙滩上像所有孩子一样尽情地铲着沙，跟沙子玩累了，便顺势往那里一躺，随即就进入书籍的世界里了。

老咪初二的时候，就在青岛大学开了一堂讲座，讲座的主题是《生而知之与学而知之》。听完她的讲座，有位教授说："太不可思议了，你讲了这么长时间，也没有用讲稿，可讲得这么令我们如痴如醉。我有个请求，你不是一个诗人吗，可以给我们做一首诗吗？"她说："当然可以啊，您出一个题目吧！"这个教授说："就写'生而知之与学而知之'吧。"老咪稍加思索，提笔成文。老咪的才气令这位教授惊诧不已。

很多人都认为老咪是一个天才，但是根据我采访她和她爸爸的过程中发现，老咪的智慧是慢慢地积累起来的，只是到了一定的时间自然地输出了。很多人之所以无法输出，不是智力的问题，而是输入积淀得过少过差的原因。而老咪在整个的成长过程中，从来也没有停止过学习。她爸爸在老咪的学习过程当中，始终让她处于快乐的状态，她感到很快乐，很幸福。包括她还在摇篮的时候，本身就是酷爱诗歌和哲学的老咪爸爸在那里边晃着摇篮边给老咪读各种诗歌，李白、杜甫、普希金、歌德等的诗作以及中外的哲学。她那么一个小婴孩，爸爸一读诗与哲学竟安静了，不闹了。老咪的爸爸认为，教育必须开掘张扬孩子的天赋与灵性，而不是压抑与扼杀孩子的天赋与灵性；孩子的诵读不能在低层次徘徊，而要"取法乎上"地直抵高层境界。这也是老咪的爸爸为她选择读物的标准。孩子的接受能力有时候远胜于大人，要给就给她最经典的。

以"用思想的力量来改变世界"为宗旨的TED大会，每年在美国召集众多科学、设计、文学、音乐等领域的杰出人物，分享他们关于技术、社会、人的思考和探索。其中有一次主讲人是一位华裔女孩子，叫邹奇奇。她的演讲题目是《大人能从小孩子身上学到什么》，只有十分钟，却数次赢得台下雷鸣般的掌声。其中有一段是：

大人常常低估小孩的能力。我们喜欢挑战，但假如大人对我们期望很低的话，说真的，我们就会不思进取。我自己的父母对我和姐姐抱有很高的期望。当然，他们没有让我们立志成为医生或律师诸如此类的，但我爸经常读关于亚里士多德和先锋细菌斗士的故事给我们听，而其他小孩大多听的是《公车的轮子转呀转》。

4岁的时候我就喜欢上写作，6岁的时候，我妈给我买了台装有微软Word软件的个人手提电脑……我用那个小手提电脑写了300多篇短篇故事，而且我想发表我的作品。一个小孩想发表作品这简直是天方夜谭，但我父母没有嘲笑我，也没有说等你长大点儿再说，他们非常支持我。但是很多出版社的回应让人失望。颇具讽刺意味的是，一个很大的儿童出版社的人说，他们不跟儿童打交道。儿童出版社不跟儿童打交道？怎么说呢，你这是在怠慢一个大客户嘛。有一个出版商，行动出版社，愿意给我一个机会，并倾听我想说的话。他们出版了我的第一本书《飞舞的手指》——就是这个——那以后，我到数百个学校去演讲，给数千个老师做主题演讲，最后，在今天，给你们做演讲。

从这个例子中，我们再次看出，高品位的学习是可以启迪智慧的，而一个优秀的家长的支持和引领对于孩子来说是最重要的。

因为爸爸的原因，老咪从小就非常喜欢读书，深感读书是一件最为快乐的事情。她8岁出了第一本有书号的诗集《因为太阳的缘故》，12岁出了第二本诗集《把风雨做成标本》。在其陆续出书的时候，社会上的赞扬声也多了，但是她的心很平静。她说，我感到我需要学的东西还多得很，而且每学一点儿东西，都是一种无限的幸福。

她家里养了很多的猫，她说在她的历史上，养过56只猫，它们个个是猫国精英，于是她给每一只猫写了一首诗。老咪说人要向猫咪学习，她说："你看太阳底下，它那么安然地在那里眯着眼，在那里晒太阳，它无忧无虑。但是我们好多人有很多的忧愁，应当向猫咪学习。你看大海，波涛汹涌，滚滚而来，而且大浪淘沙，它的雄壮之美，也很值得学习。"她有时候就在外面一个不大的小公园流连。春天里，当树木发芽，繁花盛开时，她感到新的生命一旦问世之后，是给人送来的幸福，人也应当给它送去幸福。所以她就有了越来越多的快乐，她有了快乐以后，她爸爸也快乐，互相传递，整个家庭都是快乐的，而且还在向外传递。所以学习之于她怎可能是苦，绝对是一种大乐事。

魏书生：是的，我们当老师的都有体会，真正优秀的孩子很多都是家庭教育的结果。

四、进入到痴迷状态的快乐

陶继新：学习是快乐的这一观念应当深入每一个父母的心里，才能把之传递给孩子们。《好妈妈胜过好老师》一书中的作者也提到过"学习不要'刻苦努力'"这样的类似的理念。她说道:"我认为培养孩子在学习上用功勤奋是必需的,但用'刻苦'的言语和思路来要求孩子,则往往是在干一件南辕北辙的事。人的天性是避苦求乐,孩子更是如此。我们原本想要孩子喜欢学习,却把学习过程做成苦馍馍,只把结果设想成甜馅饼,要孩子天天吃着苦馍馍去想甜馅饼——过程天天具体而真实地陪伴着孩子,目标却遥远得虚无缥缈,这会让孩子感到这里面的不和谐,感到自己心底深处对'苦'的讨厌。一个人不可能既讨厌一件事,又把一件事做好。""事实上,每一个忘我地投入学习或工作中的人,他一定是对学习或工作建立起了兴趣或责任感,这种兴趣和责任感是如此强大,以至于常常超越了生理需求。实际上,他们不'苦',他们只是'痴',其中的乐趣别人体会不到。"

所以,父母和老师要做的,是让孩子对学习进入痴迷的状态,自然他会有一种乐在其中、不能自拔的感觉。

在我采访的那届全国十佳少先队员中,还有一位叫车亮的,他号称是"拆"出来的小发明家。怎么回事呢?原来,小车亮和他的同龄小朋友一样,有许许多多的玩具,玩够了,他就琢磨,这车为什么能跑呀,这狗为什么会叫呢?于是,他开始把玩具大卸八块了,看看它们里面到底是什么机关。而此时他的父母并没有把孩子的这种行为当成一种破坏性或者浪费的行为,而是鼓励甚至引导他去拆、去想、去探求为什么。这样,车亮对于科学探究的兴趣就被保护并激发起来。于是,车亮越拆越起劲,越拆越痴迷。拆完了他还试着重新组装,重新结合成新"产品"。如此一来,他成了家里的发明大师。为了不断地激发孩子的兴趣,只要车亮想买的科学类的书刊,花再多钱爸爸都很舍得。因此,车亮小小的年纪,就已经获得多项国家专利,并深深地爱上了科学。

另一位第四届全国十佳少先队员古力则是一位围棋高手,现在已经很有名气。他爸爸是一位教师,但酷爱围棋,从古力出生之日起就有意培养他成为一名为国争光的围棋选手。从古力刚懂事起,爸爸就常对他讲围棋的故事,"学好围棋,为国争光"的信念在小古力的心里深深扎根。刚学棋,古力5

岁，正是最贪玩的年龄，但在爸爸不断地鼓励下，古力爱上了围棋，不论在玩什么，只要爸爸一声喊，他立即回到棋盘前。学围棋对一个孩子来说是很枯燥的，特别是每天必做的高难度的"死活题"，需要反复进行精密的计算，有时算得头昏脑涨。但古力都不以为苦。进入棋校后，他家住的离棋校有10多公里，6年多的时间，每天两小时的业余训练，他一天不落。每周三个半天的棋校课程，他风雨无阻。有时遇上堵车，他就步行赶去，说什么也不放弃每一次训练机会。可以想象，如果仅仅是为了获得某个未来的称号或荣誉，如果这个过程中他感受到的是艰苦，他不可能坚持下来，一定是他在其中感受到了足够多的乐趣。

在我接触的很多优秀孩子的身上，不论是他们在哪一方面的才能和学习上，都有着属于各自的痴迷和精彩，而正是这种痴迷，这种快乐，使其钻之弥坚，从而不断创造卓越。而这个过程，真的是很美的。父母如果能够帮助孩子获得这样的一种生命乐趣，真的等于给孩子打开了一片广阔无垠的天地。

魏书生： 假如我们能让学生在学习当中进入这种痴迷的状态，那我们何愁学生学习的积极性不会与日俱增，由开始的被动学习很快就进入主动学习，到热爱学习，到痴迷学习，从而达到快乐学习。

五、学习应当是无处不在的

陶继新： 第二届中国十大杰出母亲杨文，她也有一句经典话语："家长要在人们认为没有教育意义的时空里，为孩子设置教育的内容，即让每一个时空都具有教育意义。"她孩子一出生，她就在思考，怎么让孩子在学习的过程中感受到快乐呢？她的教育过程是很细致的，也是充满了乐趣的。

杨文认为，把幼小的孩子紧紧地包在小包裹中是不科学的，孩子醒来如果只是望着天花板的话，是他生命的荒废。

当时没有现在这么多玩具，杨文就在家里剪了很多彩纸，用绳子在房间里来回拉几道，让躺在床上的孩子看到一个多彩的空间，这就是用色彩刺激来丰富他的视觉，同时训练他视觉集中的能力和对物体追视的能力。

杨文认为幼儿探究世界，触觉是一个必不可少的载体。让小夏杨通过触觉感知各种各样的事物，就成了杨文的有意行为。夏杨小时候，杨文经常让他摸不同质地的东西，让他用小手去抓小米，把小手放在冷水里，再放到热水里（当然是安全的热度），放到温水里。还让他摸光滑的汽车、毛茸茸的小狗玩具等，触摸这些热的、冷的、软的、硬的、轻的、重的，通过触觉的训练，给他的大脑不同的刺激。

一天，夏杨好奇地看着红红的西红柿，似乎感到其中有着太多的神秘。于是，杨文就鼓励他用手去抓。结果，西红柿被抓得稀巴烂，小夏杨的新衣服上却溅满了西红柿的汁水。杨文的祖母看不惯这种"娇惯"孩子的行为，便对自己的孙女批评一番。杨文笑着对祖母说，让孩子触摸形象可感的东西，不但可以满足孩子的好奇心，还可以促进其脑神经的发展。

幼儿期的夏杨并不是一个讲卫生和守规矩的孩子，这责任不在夏杨，而在杨文。她认为，一个来到世界不久的小生命，更多的是要享受自然的快乐。这个时候施以太多的规范，会约束他心智的自由成长，影响到孩子的好奇心。夏杨好动，不经意间便将自己的衣服弄脏，杨文却视而不见；夏杨玩起来花样百出，常常将家里搞得乱七八糟，杨文也熟视无睹。在杨文看来，将衣服弄脏，把家里搞乱，都是小夏杨在挥洒自己的天性，是在探索新的世界。弄脏衣服、搞乱家里与张扬天性、探究世界相比，简直太小了，可以忽略不计，甚至受点小伤，也是自然而然的事情，父母不必大惊小怪。

杨文认为，孩子做什么是次要的，重要的是他做的事情是否能够沉淀下对孩子未来发展有益的素质。孩子对某种事情感兴趣的时候，家长应该顺其自然并为之推波助澜，从而使其得到良好的发展。

魏书生：在这个过程中去发现孩子关注什么东西才是最重要的，孩子的敏感期一旦错过，再训练就很困难了。

陶继新：是这样的，广泛地给予孩子各种信息，给予其接触不同事物与信息的机会，并且不断地强化刺激，让孩子在这个认知的过程中找到自己真正感兴趣的东西。

杨文觉得，学习不是死坐在那里，学习无处不在，要抓住每一个机会随机地给孩子进行知识的灌输。在夏杨牙牙学语的时候，杨文就教其整体识读，开始教学的内容是《我的第一本书》。杨文一边给他看着画讲故事，一边也让他看与画面迥然不同的文字符号。杨文认为，这种无意识地学习，既不会增加孩子的心理负担，又可以使这些文字如同图像一样，在快乐的状态中收藏在他的大脑里。即使走到大街上，杨文也是见字就指给小夏杨看，读给他听。杨文说，不要认为这时候孩子一无所知，其实，这些字已经作为生命符号，开始走进他的大脑之中。此后一有机会，这种记忆就会再现出来。包括她和一些高品位的教授专家吃饭的时候也会带上夏杨，他尽管不特别懂，但是听他们说话，看他们行动，也是有益的。

魏书生：耳濡目染。

陶继新：是的，学习无处不在。包括让夏杨速算，训练他的记忆能力。他的记忆能力训练到什么程度，让别人不可想象，就是上百个手机号，他都记得一清二楚。但他都是很快乐地进行学习的。这些训练使他表现出过人的聪明，在班里也是出类拔萃。

杨文有一点做得还非常好，她认为孩子各不相同，要因材施教，少做无用功。有一次，老师布置了好多作业。但这些作业都已经是夏杨所掌握的，再做就是无效的学习，负效的学习。杨文便不让儿子做，而是自己替他完成了这个作业。

作业是很有讲究的，我一个观点就是叫磨题，什么叫磨题呢？这个题得反复琢磨，但前提是这个题是有价值的。怎样体现这种有价值，也就是题目中含有一部分已经掌握的知识，但又有一小部分还未知或者掌握不熟练的知识，这样的题目是可以起到训练效果的。全都是新知识容易使人产生畏难心理而放弃，全都是已会的知识就是无价值的题了，再做这样的题，对学生的学习有百害而无一利，就是无效、负效的，既浪费了时间，又抑制了兴趣。所以，从这一点看，杨文在教育学甚至是学习理论上的知识储备都是很丰厚的。

毕业考试以前，杨文请假一周带着儿子去深圳玩。好多人觉得不可思议，快毕业考试了，你还带着孩子去深圳旅游去。她说我感觉这不是问题，学习不仅是书本上的学习，开放的城市让孩子看一看，走一走，让他瞭望另一个世界，这也是一种学习。

杨文非常反对让孩子去参加课外辅导班的行为，她认为，课外补习课本知识，会向孩子注入一种潜在的信息，那就是课上学不好没有什么关系，辅导班上还可以亡羊补牢。如此长期的心理暗示，会使孩子淡化课堂学习的有效注意力。况且辅导的知识不少还是已经学会的内容，甚至是课堂所学内容的重复，这又自然减弱了孩子学习的兴趣。夏杨参加的所有课外课程都与兴趣有关。例如，电脑、绘画、音乐、播音、写作、舞蹈等，这培养了他广泛的课余爱好。而且杨文发现一个问题，当这些快乐学习的时候，又刺激了他的学习能力，他尽管耽误了一些时间，但是在学习书本知识的时候，他的效率是非常高的。

杨文对夏杨教育的成功，正是这种看似自由实则非常有规划的教育让孩子在快乐中体会学习的乐趣，知识的多元。

魏书生：学习不是一个固化的行为，大家对于学习是苦的这种普遍认识其实是一种误解。光是正襟危坐，目不斜视，谁都会觉得苦。学习是一个动态的过程，在这个动态中，保持一份快乐，一种向往，就容易感受到学习的快乐了。

第九章　学会交友

友情在我过去的生活里就像一盏明灯，照彻了我的灵魂，使我的生存有了一点点光彩。

——巴金

君子以文会友，以友辅仁。

——曾子

陶继新：魏老师，在看《学记》的时候，我发现古代对于学习的考评很有意思。其中讲道："一年视离经辨志，三年视敬业乐群。"学习了一段时期之后，不但要求学生学会离开书本背诵经典，还要提升到"敬业乐群"的境界。"敬业"是指对人格的培养，对专业知识敬慎以待，包含了现代学术的专业精神与专业道德；"乐群"则强调个人与社会的关系，一方面是个体人格的成长，另一方面则提倡群体精神、社会关怀与造福人群。

也就是对于小学生，不仅考查他学了多少字，背诵了多少经典，还要考查他学习是不是尽力，是不是跟大家能友好相处。所以可以看到我们古人在交友这一方面也很关注，当然这不只是我们今天所认为的交朋友，还谈到了人际关系的重要性。与人相处实际上对于一个人无论学习还是工作都是很重要的，因为《学记》上还有一句话："独学而无友，则孤陋而寡闻。"如果学习中缺乏学友之间的交流切磋，就必然会导致知识狭隘，见识短浅。看来交友从古到今，在学习当中、在人生旅程当中都是很重要的，所以我想听听魏老师关于交友方面的一种理解，一种认识，或者是看法。

一、人人都是群体互助的受益者

魏书生：《学记》说："比年入学，中年考校，一年视离经辨志，三年视敬业乐群，五年视博习亲师，七年视论学取友。谓之小成。"学生每年都可入学，每隔一年必须考查学习成绩。第一年考查分析文章的经文、句章的能力，及辨别决定自己的志向和兴趣；第三年考查是否专心致志于学业，是否能结交学友和睦相处，相互研习得益；第五年考查学生的知识面是否广博，是否能亲师、尊师；第七年考查能否讨论学业的是非优劣，以及选择贤能之人为友；合格的为小有成就。除了您刚才所说的友，在七年处又是一个友，足见其对友很重视。因为什么呢？我估计凡是一个实事求是求真的人，真做学问的人，都能够意识到这一点，即意识到个体和群体的关系。一个人你想要拥有知识，首先你是学习继承前人，在那么多人的知识的基础上形成自己的知识积累，然后你再用这些知识做一些事情。几乎任何一件事情你都离不开其他人的共同劳动。一个作家，独自坐在家里写作，你用的是谁制的墨水，谁制的笔，你写完以后，用谁的纸，谁的工厂给你印出去，谁给你发出去……都是一个共同劳动、合作的结果。

陶继新：他那些生活素材都来自群体。

魏书生：全部来自群体，所以咱们古人了不起就在这里，始终引导孩子，从小要学习处理个体和群体、自己和朋友的关系。而把自己置于群体和朋友之中，是大家中的一员，一是自己幸福，二是更容易成功。而成功了之后呢？也意识到，不是个人如何的鹤立鸡群、卓尔不群，全是来自大家的支持协助。永远不离开群体，你这个人就永远是一个置于群众之中的人。包括领袖，如果始终不离开群体，领袖就永远是伟大的领袖。一旦他伟大过了，伟大到离开群体了，就会出问题。

所以在学习的过程中，家长一定要引导咱们孩子，积极参与集体活动，在集体中承担责任，为班集体、为学校集体，能做一点儿事情，尽量做一点儿事情。然后和同学的关系呢，也是能帮助一个同学，就多帮助一个同学。成绩好的呢，永远不能骄傲，不能瞧不起不如自己的同学，这样成绩不好呢也不自卑，虚心地向比自己强的学生学习。这样引导咱们孩子，咱孩子就会成为健康的孩子、不骄不躁的孩子、不卑不亢的孩子，到哪儿都比较合群的孩子，从来不仰视别人、不俯视别人、总平等地与大家形成互助的孩子。

所以我一是跟家长这么说；二是让我的学生尽量都承担一点儿集体的责任。承担一点儿在集体当中的责任时，他就意识到这个集体有我一份，因为有了这个责任，他就要处理人和人之间的关系。这件事怎么管？承包语文作业的怎么管？承包考试的怎么管？承包补考的你怎么管？怎么协调那些需要补考的同学关系？怎么再重新出题？这些事他都需要动脑子协调和同学之间的关系，做好同学的工作。我一直主张班级的事，事事有人做；班级的人，人人有事做；消灭没人做的事和没事做的人。都承包一件事，大家才觉得这集体是我的。我让每个同学都知道自己在哪方面负责任，同时呢，自己也是给大家服务的一分子。

然后在分配承包事务的时候，遵循这样的一个原则：凡是最普通的学生能做的事就不让班委做，班委能做的事不让班长去做，班长能做的事我就不替他做。这样当他做的事越来越多的时候，学生才能够处理同学关系，协调各种事务的能力越来越强。一、使自信心增强；二、同学之间的关系也更融洽了。那个事上我为你服务，我管你；这个事上你为我服务，你管我，大家都在一种管理与被管理中，又在相互服务中。学会了集体的生活，将来走入社会不也是这种状态吗？大家既是管理者又是被管理者，既是服务者又是被服务者。

　　一般有的学生，过去不干事，有精气神淘气；干事了，他反倒觉得爱这个集体了。我还把别的班里后进的学生招到我们班里，有的说后进生也能融入集体管事吗？我说他保证能管事。改变后进学生，最有效的方法就是让他参与集体活动，为班集体做事，一旦做事乐群了，他有朋友了，他就减少了淘气的可能性。那后进生能管什么事啊？我说管不了大事管小事啊。后进的来了，我说："你们都到魏老师的班里来了，除了写日记、跑步、写格言、写作业、自留作业之外，你还得为班集体管事。"

　　"老师我管不了人。"

　　"管不了人管物。"

　　"老师，我管什么？"

　　我说："你管水桶。"

　　"水桶太大。"

　　"你管水壶。"

　　"老师，水壶也不小。"

　　我说："你管茶杯。"

　　"茶杯怎么管？"

　　我说："同学们喝水的时候，把它从茶盘里拿起来，倒上水，水喝掉，忘了把茶杯放回茶盘，随手放自己书桌上了。你走过去，捡起茶杯，放回茶盘，杯把儿朝西，完成任务，这就行了。这么样能管理吧？"

　　"老师，这不是人都能干的吗？"

　　"是人都能干的，你干不？"于是他就盯着那茶杯，谁一喝水，他就看看放没放回去。没放回去，他也不说人家，走过去捡起茶杯，放回茶盘，杯把儿朝西。于是同学们觉得他挺好的。通过这么小的事就知道关心集体，他跟集体有了一点儿感情，再叫他干别的事，越干越有感情。

倒数第二的李健问："老师，他管茶杯，我管什么啊？"

我说："你管擦椅子。"

擦着擦着椅子，大个子，比我高半头啊，长得可壮了。来找我说："老师，我发现一个活儿没人干。"

"什么活儿啊？"

"教室暖气片没人放风。"

我说："你行啊，这个事我都没有发现，你怎么发现的？你发现了挺好的，我说你啥意思啊？"

"老师，我想放风。"

我说："那行啊。你单管放风。"我以为他不愿意擦椅子，"我找个同学擦椅子，你单管放风。"

"老师，不，我两活儿都想干。"

我说："你干得过来吗？"

"老师，我试试啊。"他越这么干，同学们越接受他了，原来他是（4）班倒数第一，全校倒数第二啊，到这个班里，又擦椅子，又放风的，越干同学们越觉得他挺好的。为集体负责，融入集体，他越对集体有感情。

那天又找我来，说："老师，我又发现一个活儿没人干。"

"什么啊？"

"您那办公桌没有人承包。"

我说："那承包它干什么啊？"

"老师，四面八方的老师都翻您那桌子。"

我说："我怎么不知道啊？"

"趁您不在家的时候，大伙都翻哪。"我当了十一年半省重点中学的校长兼书记，第一没有办公室，第二没有办公桌。我一直在教室里面办公，我就喜欢教室，就一张学生的课桌，我的稿儿、书都在教室里写的。我不在家，四面八方听课的老师，对我感兴趣，翻我桌子。看魏老师怎么写稿儿啊，魏

175

老师看点儿什么书啊。

　　陶继新：有的时候也会拿走一点儿东西吧？

　　魏书生：可不是嘛，这是真事啊，我有的资料真给拿走了。

　　陶继新：您再也找不回来了。

　　魏书生：这是真事，很心疼的。有的就看我怎么做笔记，翻得乱七八糟。我们班李健就瞅着来气。我说："来气也没办法啊，这些年都这么过来的。"

　　"老师，有办法。"

　　"有什么办法？"

　　"老师，以后我给您承包那桌子得了。"

　　我说："你承包不是浪费你的时间吗？"

　　"不浪费。"我说怎么不浪费哪？"老师，以后您外出开会的时候，我坐在您那桌上课不就行了吗？"

　　是挺好，以后我外出开会，他就坐我那桌上课，四面八方听课的老师，以为那是他的座儿，就不翻了。

　　后进的学生，到这个班又擦椅子，又放风，还给我看桌子，哪有工夫淘气啊？没有工夫淘气，负责淘气的这根脑神经，它没有工作做，它不就退化了吗？他越这么做，同学们越觉得李健多好啊，谁说他淘气啊，在我们这个班这么好呢。他越觉得这个班学生亲，越愿意给同学服务。

　　我们班学习不行的学生，让他跟学习好的学生结成互助组，成为好朋友。我说："张军，你喜欢我们班哪个同学？你最喜欢的。"

　　"老师，我喜欢蔡乐。"

　　我说："蔡乐啊，你能不能跟张军一个座儿呢？"

　　"老师，我管他，他能听不？"我说你试试。于是他俩一个座儿，蔡乐大高个子，德智体全面发展，拽着张军一块儿，一点一点地帮他。逐渐地张军淘气少了，做的错事也少了。蔡乐也有朋友，他跟蔡乐的朋友再融为一体。这样最不好的学生也一点一点地都朝前走了。

　　我们班张小飞同学说："老师，我想跟赵广民一组。"

我说："为什么啊？"

"老师啊，眼看要升学考试了，他那成绩都不理想，他心还不静。"

我说："你不怕影响你的成绩啊？"

"老师，我觉得从旁拽拽他，不会怎么影响我。"团支部书记张小飞临毕业，还惦记一个成绩不理想的学生，把他拽到自己旁边，拽着走。实际上学生就是这样，在这个事你帮我，那个事我帮着你。你拽着人家后进生朝前走，你自己也增长了能量，提高了对人的认识，增强了自己的素质，然后单位时间学习效率就更高了。

所以让学生成立学习小组很有益于共同提高。我一直主张成立互助组，最优秀的学生和最后进的学生，富人有责任帮助穷人，组成互助组。还有的互助组是水平差不多的学生，组成一个互助组，互相帮助，互相督促。教师和学生组成互助组。第一种互助组，盘锦市的老师都要和一位学习困难的学生组成互助组，为啥叫互助，第一当老师的帮助学生学会学习；第二人家后进学生也帮助咱老师，学会了帮助学习有困难的学生朝前走，这才叫互助。第二种互助组，盘锦市的老师都要和一位家庭困难的学生组成互助组，帮助人家解决一点儿困难。咱不能解决大的，解决一点儿也行，体验不容易的孩子们是什么样的滋味。同学们的互助组，师生之间的互助组，使得人与人之间形成一种朋友的关系。咱们在这个集体里，共同朝前走。虽然面对着压力很大、节奏很快、诱惑又比较多的社会，因为咱们这个集体抱团，至少咱们得到的友情、快乐会多一点儿；大家的学习生活、校园生活、班级生活也会幸福一点儿。咱家长呢，支持孩子参与集体活动，也觉得孩子融入集体是多快乐的一件事。学会交友，学会互助，学会融入。

陶继新：您那些学生在班级当中通过参与班级事务彼此服务，不仅通过干事增强了他们的责任心和能力，更有一点，在干事的过程当中，他们还能体会到在这个集体当中他是有用之人，他是快乐之人，这样呢，他就感到他很有价值很有意义。当有这种感觉的时候，即使学习成绩差一点儿，他也不会觉得自己是不被认可或没价值的，相反，他会很自信地投入学习并跟进，那么他的学习效率也会是很高的，学习的心态是快乐的。

很多人疑惑，魏老师经常在外面讲课，也很少上课。他的那些学生，学习成绩都那么好，到底是什么原因呢？我感觉这些学生，关键还不仅仅是您对学习方法教导有方，更重要的是您给了他们一个相互学习、互助互长的学习环境，让孩子们当老师不在身边的时候，对自己反而有更高的要求。这一来，更激发了学生们的主动性，因为他们真正认识到学习是自己的事情，学习是给自己学的，所以他的效率、效果和快乐的感觉都大大增加。同时，他们在做人上、在敬业乐群上、在论学取友上，他们都下功夫了，也都成功了。

看来，交友与"敬业"和"乐群"联系在一起很有价值。"乐群"，不仅仅是融入群体，还要能乐于融入群体。你还得敬业，还得给他人尽量地做一些事情。

二、怀着真诚助人之心结交良友

陶继新：在交友方面，从古到今，就有很多成为美谈的。马克思、恩格斯，这是古今中外交友的典范。恩格斯之所以从经济上帮助马克思，实际上他看到了马克思的这种人格、境界、思想。当然马克思也很看重恩格斯的这一点。正是因为他们的这些闪光点互相吸引着彼此，让他们缔结了最伟大的友谊，马克思和恩格斯的互相关怀是无微不至的。他们时时刻刻设法给对方以帮助，都为对方在事业上的成就感到骄傲。

马克思答应给一家英文报纸写通讯稿的时候，还没有精通英文，恩格斯就帮他翻译，必要时甚至代他写。恩格斯从事著述的时候，马克思也往往放下自己的工作，帮助他编写其中的某些部分。马克思逝世的时候，他的伟大著作《资本论》还没最后完成。恩格斯毅然放下自己的研究工作，代为整理，并且竭尽全力从事《资本论》最后两卷的出版工作。

曾子说："君子以文会友，以友辅仁。"君子通过文化、思想、境界联系在一起。看来，在交友的这个问题上，一定是要有价值取向、人生观、世界观等多方面的契合才使得两个人，或一群人走到一起，相守一生。当我们的孩子交到一个可以相伴一生、互助成长的朋友时，他们人生的道路会相互指导，这正是"见贤思齐"的好境界。在孩子一步一步慢慢成长的过程中，陪伴孩子更多的是朋友，尤其是青春期及之后。如何择友，如何与朋友相处是一门大学问。在这个过程中，家长不可过多地参与，但是要引导，要给予孩子正确的交友观，让孩子知道"近朱者赤，近墨者黑"的道理。如果一个孩子在大人的引导教育下有了成熟的价值观和正面而积极的生活观，那么他选择朋友时一定会找到自己一生的良师益友。

现在好多独生子女，以我为中心已经习惯了，唯我独尊，所以在交友上、在"乐群"上就出现问题了。他想自己乐，不想让别人乐；允许自己好，不允许别人好。在做事说话时，很少考虑别人的感受。所以现在这些孩子的家长的一个重大任务，就是帮助孩子学习交友。学会交友很重要的一点就是要悦纳别人。悦纳别人，不仅仅是悦纳别人的长处优点，甚至于别人的缺点你也得接受。当然你可以帮助他，但是一时帮助不了的时候，你也不要对他放弃，更不要此为敌。

孔子对子夏说："女为君子儒，无为小人儒。"你是做君子式的儒者，还是做小人式的儒者。君子儒与小人儒的区别，不在才艺高下，而在道德品性的有无、高下。孔子培养人才的核心就是人格塑造。世界上大凡优秀的人士，大都是具有高尚人格者。而人格的塑造是一个长期的过程，要从小开始。所以就交友而言，很多家长担心孩子在自己的保护外交到不好的朋友，但是家长与其担心，不如先培养孩子的品格，一个有良好品格的人不仅不会被错误的行为和不良的动机左右吸引，反而会生发出一种影响他人的能力。所以家长们一定要意识到，一切都是相对的，见不到腐烂的苹果就不知道新鲜的美味，看不到黑夜的无奈就体会不到阳光的付出。所以，最重要的是先给自己的孩子正确的观念，培养他们强大的品格。人生还是要孩子们自己去经历，要相信拥有了美好的人是不会愿意自己的脚踏入黑暗的。

　　前面我谈到的黄思路，从小就是一个善于交友的孩子。3岁前，她是跟着父母在山区度过的，善良和淳厚的山民，将原始的质朴与天然的友善不着痕迹地灌注到黄思路的心田。小小的黄思路与农家稚童和谐相处，情同手足。她常常把成群结队的，有些还是抹着鼻涕的小朋友带到家里其乐无穷地玩耍。这些学校附近的小孩子，有养猪放羊家的，也有种菜人家的，还有旁边小工厂里人家的孩子。只要他们一进门，黄思路便会马上打开橱柜，将所有的糖果拿出来，分发到一双双沾着泥土的小手上。当时，黄思路家的经济条件不好，父母买些为数不多的水果，是专为黄思路吃的，他们从来不敢享用。有一次，妈妈说："路路，香蕉就这么多了，吃了就没有了。"黄思路十分爽快地说："我不吃了！"看着小朋友狼吞虎咽地将最后一个香蕉吃掉，看着小伙伴们一个个高兴得不亦乐乎的样子，黄思路甜美的小脸上便洋溢出甜美的笑容，她扬着小手送这些小朋友时，又已经向他们进行诚挚的邀请了。有时，小思路还会带来一些素不相识的农家小孩到家中做客，管他们吃饭，与他们一块儿玩玩具。有时黄思路也随父母走进乡村，走进不同的陌生的农家院落。这时候，黄思路便十分自然地将带去的饼干分给周围那些朴素而友好的农村孩子。她与他们马上玩在一起，恍若久别重逢的老朋友一样，又说又笑，无拘无束。

　　黄思路进了幼儿园后，又有了一批新朋友，她与他们玩得特别开心，也十分投机。她喜欢幼儿园，更喜欢这些小朋友。不过，与她合用一张床睡觉的小女孩经常用指甲掐黄思路的小腿，把她的小腿都掐破了。黄思路怕惊动老师与小朋友，只好强忍着。一天，妈妈发现了黄思路腿上的抓痕，惊问原因。黄思路却说："她不是有意的，她睡不着，是故意跟我闹着玩的。"妈妈要她告诉老师，以便终止这种行为。但黄思路害怕老师知道后批评小女孩，小女孩的爸爸妈妈知道后骂她。于是，黄思路的小腿上几乎每天都留有几道抓痕。妈妈认为这毕竟不是长久之策，决定去找黄思路的老师，要求给她调换床位。可是黄思路不同意，她说："下一次我也掐她一下，她知道有多疼，就不会再掐我了。"后来，黄思路真的掐了那个小女孩一次，小女孩知道了掐人小腿原来竟是如此的疼，就再也没有掐黄思路。黄思路与这个小女孩后来成了朋友，直到上了高中，两个人每每谈起此事还大笑不止呢！

黄思路与同学们的友情，成了她的一笔精神财富。在家里，一谈起同学们，她便眉飞色舞，手舞足蹈，看那情势，宛若黄思路的兄弟姐妹。即便有些好事的孩子伤害了黄思路，她也毫不介意。小学时与黄思路同桌的一个男生，常常无事生非地将黄思路气哭，有一次甚至挥舞着小刀，差点将她刺伤。妈妈担心黄思路的安全，还去找过老师。可是，黄思路却说他不是故意的，只不过调皮些，他其实很可爱，直到现在，有时还学着他的憨样，弄得全家人捧腹大笑。她描述同学时，最后总要添上一句评语："好可爱哟！"每天放学回家，她总是十分愉快地谈着同学间的趣事，并说哪一个同学又"可爱"了。

陶继新：是的，这绝对是一种双向的帮助，是一种互助。

我有的时候想，当我交了个好朋友，真是一生的福气啊！魏老师，上一次跟您对话曾经谈到我受批判的事。那时候，我有几个好朋友。其中一个是小偷，再一个就是我的同学。这个小偷在我们村里是众所周知的，到了谁家都偷东西。那个时候我家里穷到什么程度呢，连个像样的门都没有，所谓的门就是用高粱秸扎起来，竖在门口做样子。很多人对我说："你要小心这个小偷。"我说："不用，我跟他是朋友，况且我家也没啥可偷的。"这个朋友是怎么成的小偷呢？他本身是一位转业军人，但是后来精神上出现了问题，因为精神上的问题，没有收入来源，他本身又没有生存的能力，村里的人认为他是神经病又都歧视他，他便索性靠偷东西来维持生活。但是他每次到我家串门的时候，我都把他当成朋友。那时候吃水饺是很难的，我一年只能吃两三次。一次，我们家包了水饺，他正好过来了，我只有一碗，我说，这一碗咱俩一人一半。或许这样简单的行为让他感受到了从未体会过的被尊重的感觉。他很感动，对我也很好。

1970年，我每天都被批，晚上还有很多人看守我，担心我会逃跑。批判越来越重，眼看就非常麻烦了。有天晚上整我的一部分人一看下大雨，都跑到另外一个地方打牌去了，让我这个小偷朋友看着我。他就对我说："继新，你赶快跑吧，他们能整死你的。"

我说："我跑了，他们让你看着我，他们不整你吗？"

他说："整我什么，就这样了。你放心吧，他们不会拿我怎么样的。"于是，在他的掩护下，我就连夜逃出了村子。

真的，就是在这样的时刻，让我更加地明白，虽然我们付出的时刻从没想过要求回报，但是正是对别人真心的对待，让好运常伴我一生。就在那天夜里，我一路跑到了郓城。到了郓城就找了我一个很好的同学，在高中四年的时间，在"文化大革命"中，我和他都是知心相见。我就把我当时的情况对他说了一下。他说没有问题，我给你想个办法。他给我买了一辆地排车。那个时候地排车都很难买，我拉着到了黄河西岸，上河南的鹤壁拉煤，然后过黄河回来在山东的一些煤窑上卖煤。有两年多的时间我就在那里拉煤，然后又从郓城到梁山拉了一年的石头和石灰。每年偷偷回家，全是朋友相助。郓城的另外一个朋友对我说："你在南关石灰店，我给你找一间房你住着，不跟你收房费了。"所以我最艰难的三年，就是我的几个朋友帮了我。正是在这样的患难时刻，才让我更加地体会到人与人之间的真情。

所以，我一直相信，交友特别重要。我的两个女儿最令我骄傲的，就是她们的善良品性。物以类聚，人以群分，她们交的好多好朋友也都有着善良的品性。二女儿在北京上学时交了一个好朋友，朋友是在香港特区生活。前年，我去深圳讲课的时候，我两个女儿带着孩子去香港特区玩，这位朋友一直像家人一样照顾他们。其间二女儿的孩子在香港生了病，经过香港医生的短暂治疗需要接着经深圳回济南，当时已是接近午夜。香港这位朋友和她老公一直把他们护送到深圳的医院，和我见了面，交代好，才匆匆返回去。那时已是次日的凌晨，他们俩都还要接着上班。他们的举动令我非常感动。这种朋友间的互相扶助，真的是人性中很大的美善。

魏书生：患难之间见真情，亲情、友情，都动人。

三、帮助朋友其实就是帮助自己

陶继新：魏老师，我发现一个很有趣的现象，当你帮助别人的时候，其实也是在帮助自己。你帮助了别人，别人会很感动，也会在某个时候帮助你。

还是说说我上面谈到的黄思路吧。一天黄思路放学回到家里，一放下书包，便急匆匆地告诉妈妈说，下午上化学课的时候，自己突然犯了胃病，疼得满头大汗。

妈妈十分担心，问是否去了医院，现在怎么样了。

黄思路说："没有，可是比上医院还要好，胃疼很快就止住了。"

原来，黄思路平时对同学们十分友好，她的同桌刚说了一句"思路胃疼"，第一排的一位同学便快速将自带的一瓶胃药向后传来；传到第三排时，一位同学又加上了盛着热水的保温杯，连药一起放在了黄思路的桌上。吃了药后，两个同学便要送黄思路回家，其他同学马上说："不要让她骑车了，打出租！"黄思路不想回家，只想暂时休息一下，这两个同学便把她送到小山上的一个休息室里，用几张椅子临时拼成一张"床"。安置黄思路躺下，又飞快地返回教室拿来外衣，为黄思路盖上。而后又从书包里拿出一本书，放在黄思路的手边，说是胃不疼时可以看一看。一下课，又有一批同学跑来探问病情，并问是否需要帮助。黄思路的胃很快不疼了，激动的泪水却悄悄滑落下来。

黄思路十分动情地说："妈妈，你不知道，同学们待我太好了，令我太感动了，太感动了！我们班真的好温馨好温馨啊！"

妈妈十分欣慰地说："我真为你高兴，这说明你们班同学之间的关系十分融洽。同时也看出你平时对他们也一定很不错嘛！"

"是啊，平时同学们生了病，我也是这样对待他们的！"黄思路会心地笑了。

人际关系就像一面镜子，你对它微笑，它就对你微笑；你对它敌视，它也对你敌视。你对身边的人如何，从他们对你的态度上便可一目了然。黄思路始终对着同学们微笑，为自己营造了一个宽松和谐的环境，所以也便得到了同学们的微笑与帮助。

追根溯源，黄思路的这种待友以诚的品质，还是从父母那里来的。因为她的父母就很能悦纳别人。他们坚持以善待人，悦纳他人。他们对同事也是这样，他们在与人相处之时能做到张扬他人的长处，弱化他人的短处，成人之美，不成人之恶。所以他们慢慢地赢得了很多的朋友，即使原先有些误解他们的人，也慢慢地变成了朋友。当一个人在一个群体当中，大家都很喜欢你，你也很喜欢大家的时候，心境是不一样的，是非常非常快乐的。

妈妈王晶经常鼓励黄思路要多分享，并强调在分享时人不是失去了，反而是得到了，尤其是得到了内心与人接近的快感和付出的美好。一天，黄思路放学归来后，便悄悄走进自己的房间。一向唱着歌踏着节拍回家的活泼女孩，今日何以如此闷闷不乐？

妈妈走进黄思路的房间问道："今天怎么了？"

"妈妈，"黄思路撅起了小嘴，"今天我们班重新调位，我和方芳（化名）成了同桌。"

"好啊！多调几次位，可以多交几个朋友，从他们那里学到各种不同的东西。"

"好什么？"黄思路依然面无笑容，"方芳已经一个人坐了几个月了，没有谁愿意与她同位，她的成绩最差，上课爱说话，爱做小动作……"

妈妈想，带着这样一种情绪，怎么与同桌处好关系呢？妈妈希望黄思路去积极地适应环境、改变环境，从而创造出和谐的气氛和愉悦的氛围。

"路路，你最喜欢什么样的同桌呢？"

"当然是学习好的啦，可以互相帮助，至少不能是学习成绩很差的！"

"你可以帮助她一起前进嘛！"

"妈妈，你不知道她有多差劲，哪像人家学习委员，样样都好……"

妈妈略一思索，轻轻倒上一杯水，送到女儿面前："喝杯水吧！"

"我不渴。"

"不渴也喝一杯，喝水对人体有很多好处。"

"太阳从西边出来了，您可是从来不给我倒水的，我怎敢劳您的大驾啊！"话虽如此说，她还是不情愿地喝了几口，然后皱皱眉头，疑惑不解地看着妈妈。

妈妈神秘地一笑："怎么样，不需要吧？你们班上学习好的同学，也不需要你的帮助，正像你不渴我让你喝水一样。方芳学习不好，正像口渴的人需要水一样，你这时候给她送上一杯水，不是急人所急嘛！"

黄思路凝神静听，若有所思。妈妈又笑笑："以前你50米只跑9.2秒，天天晨练也不见进步。可是你爸爸教了你起跑的技巧之后，成绩马上提高到8.1秒。如果爸爸用他对你的技巧去教已经掌握这种技巧的50米跑冠军，恐怕就难以看到成效了。"

与妈妈心有灵犀的黄思路，开始悟到其间的一些玄机。

妈妈继续说："如果你希望花最小的力气做最大的事情，如果你想用最短的时间做出最多的成绩，如果你希望最大限度地体现自身的价值，那么你就应该去寻找起点最低的对象，去帮助那些最需要帮助的人，去'雪中送炭'，而不是去'锦上添花'。在做这些事情的过程中，你会很快乐，因为你的努力没有白费。在你递给方芳的那一杯水里，每一滴都是她最需要的，也是最宝贵的。而你如果把这杯水送给学习委员，看着她皱着眉头喝下去，难道你会很快乐吗？"

女儿笑了："被你这么一说，我倒庆幸自己遇上了这么个同桌了！"妈妈笑着走开了。

是的，与学习差的同学同桌是一件很快乐的事。黄思路转忧为喜，并与方芳成了好朋友，方芳的学习成绩一天天进步。

帮助人需要付出，付出会带来愉快，而对格外需要帮助的人付出并见出成效，则会带来更大的愉悦。

魏书生：其实，有些时候，恰是对这些似乎弱一些的朋友的帮助成就了我们，学习上如此，生活上也是这样。

四、父母是孩子择友观的引导者

陶继新："汝果欲学诗，功夫在诗外"，这是宋朝大诗人陆游在他逝世的前一年，给他的一个儿子传授写诗的经验时写的一首诗中的一句。诗的大意说：他初作诗时，只知道在辞藻、技巧、形式上下工夫，到中年才领悟到这种做法不对，想写好诗，还要在诗歌以外、书本以外多下工夫，注重生活实践、生活阅历的积累。陆游在另一首诗中又说："纸上得来终觉浅，绝知此事要躬行。"从这一句中可以知道，所谓"功夫在诗外"，就是要强调"躬行"，到生活中广泛涉猎，开阔眼界。而好的朋友恰恰是我们成长中的良师益友，而接触了坏的朋友却又因为自己内心的不够坚定，缺乏识别错对的能力时便是成长道路上的绝壁。由此可见，择友是一门学问，但修习这门学问前要先修炼自身。所以，论学取友，敬业乐群，以文会友，以友辅仁，所有这些都跟学习有关，都跟成长有关。从这个意义上，交友也是家长教育孩子的必修课，也是老师教育孩子的必修课。

魏书生：识人断人难上难，不如先识己明己，朋友自然也交对了。

陶继新：我有时候在想，为什么有的人总是没有好朋友。他总是抱怨，这个对不住他，那个对不住他。甚至有的人，在一个单位工作了几十年，都没有一个真心的朋友，甚至还在怀疑很多人，打击很多人，诽谤很多人。主要的原因是他不懂得爱人，看不到别人身上的闪光点，只以自己的主观出发，且把自己的目光永远停留在他认为不符合自己标准的方面。追根溯源，多是与其小时候不会敬业乐群、论学取友、以友取人有关。归根结底，自己的修为在根基上落下了。

这些年，有一部在青少年中非常畅销的小说，叫《哈利·波特》，我二女儿就是个"哈迷"。她跟我讲过这部书中的一些内容，还是很有价值的。在这部作品里有两个主人公是典型的家庭教育失败的牺牲品，而其失败正是因为他们童年时没有得到父母正确观念的教导。其中最为突出的是贯穿始终的令人望而生畏的大反派——伏地魔。书中正面描写伏地魔是一个人们连名字都不敢叫出的可怕的人，之所以令人生畏是因为他没有规则感（使用黑暗魔法，相当于我们所谓的不遵纪守法）、心中无爱（正是因为对于爱的匮乏，让他将自己的恨意无限扩大，用以掩饰自己的爱无能。只有一个内心洋溢着爱的人，才能用爱的眼光看待一切，因为爱的基础是真诚，交友的基础也是真诚，真诚待人是朋友相交的根本）、抛弃传统与经典（对于最古老魔法的蔑视成为他灭亡的必然。他们的古老魔法相当于我们的经典，正确的为人准则，爱的传播。抛弃经典让孩子们生命的根基动摇）。

伏地魔天资聪颖，本可成为一位优秀的魔法师。其错误的一生始于儿童期，疯了的哑炮（不会魔法的魔法师）妈妈和虚伪的麻瓜（不会魔法的普通人）爸爸，让他内心自卑不已，恨意满胸。长大后，靠着自己的天赋异禀用所谓的强大来掩饰自卑，肆意释放自己的恨意。某种程度上说，伏地魔是可怜的，如果小时候有一个亲人给予他温暖，教会他正确的人生态度，或许他会成为一名贡献卓越的优秀魔法师。

另外一位是魔法世界里的纯血统（父母都是魔法师）的马尔福，他对于混血和麻瓜是怀有莫名其妙的歧视的，他认为自己高贵（一种典型的虚伪贵族）。马尔福无论从打扮到说话的腔调都是一副"我是贵族，我和你们是不同的"的样子，这是父母给他的。父母告诉他你是与众不同的，而其他人是低贱的，所以孩子到了自己的小社会中表现出的与人相处的态度正是父母教育的呈现。正是这样一个每日趾高气扬，带着一帮溜须拍马跟班的孩子，其实没有一个真心的朋友。但是就在故事的结尾，他还是不自觉地流露出他作为一个孩子的心底残留的那一点儿纯真，他的身不由己是令人心疼的（他的父母因为自己的懦弱让他去承担杀害伟大校长邓布利多的任务）。而正是不愿看到一个孩子的真正沦落，邓布利多让一个他信任的人抢在这个孩子的前面结束了自己真正高贵的生命，同时也保住了这个孩子最后的那点纯真。某种意义上说，邓布利多是个好的教育者。而马尔福也必将从中找回一些自己，更加审慎地面对自己接下来的人生。马尔福令人感到可怜可悲的同时也是幸运的。

《哈利·波特》里面还有一个串场的小角色，那就是波特姨妈的儿子达力，一个麻瓜孩子。因为父母的过度保护、纵容和溺爱，使得他成为一个自私、愚蠢、欺负弱小的可怜的小角色。可以说，达力是作品中的一个丑角，他的存在完全是为了作品的搞笑成分而设置的。但就是这样一棵被父母养歪了的小树，在危急时刻波特给了他不计前嫌的帮助时，他醒悟了，从达力的身上最能体现一个朋友的重要性。朋友是我们除了家人以外，在这个社会上与自己最亲近的一种人际关系，拥有一个积极、阳光、正面的朋友是指引我们人生道路的灯塔。

我有一个熟人的情况也有代表性。他是我高中的时候认识的，他几乎跟所有人为敌。一个特殊的机会，我了解了造成这种情况的原因。原来，他的父母都是这种人——怀疑一切人，甚至攻击一切人，没有一个朋友。我的这个熟人，正是从他的父母的"耳濡目染"中具备了这些劣根性的。

魏书生：可不是吗？没有朋友的人生多苦呀。

有个学生叫刘志，他上小学的时候，家离学校很近，从家属楼门口到学校大门口，才 200 多米，孩子放学，不到 5 分钟就到家了。那时孩子到家就自己看书，自己玩，也不到同学家去。赶上节假日，孩子总嚷着要跟爸爸妈妈去游乐园、去少年宫。那时父母带着刘志，爬山啦、划船啦，觉得玩得很开心。

上了中学，刘志慢慢发生着变化，先是面对中学离家远的现实，过去离家 200 多米，现在离家 5000 多米，将近 12 里。家远了，在路上的时间就长了。放学晚了，他就找了两名同路人做伴，三个人一起走，一起乘公共汽车，胆子大，家长也放心，觉得这是好事。孩子和同伴交往多了，话多了，觉得挺开心。上了初二，又有了两位不是同路人的朋友。星期天、节假日还领朋友到家里来。到了初三，他的朋友又多了，最要好的又增加了薛伟和周明。他们来往比较密切，经常早晚互相打电话，研究作业题。上学时，有两个朋友故意绕远路，跑到家来找他一起走。节假日，刘志不再是嚷着和家长去游乐园，而是千方百计地说服家长同意他跟朋友们去游乐园、去少年宫。看着孩子们兴高采烈地玩去了，父母有一种失落感，有一种被抛弃的感觉。想让孩子不交朋友，又觉得刘志的这些朋友都挺积极上进，学习都挺好的。支持他们交往吧，又怕浪费孩子的时间，耽误学习。

陶继新： 这是上了初中后的孩子进入青春期的正常表现，他们对同伴关系的需求渐渐超过了对于父母的需求，更愿意跟同学在一起，而不愿意跟父母在一起；更愿意跟同学聊天，而不愿意跟父母说话。这是正常的。

魏书生： 是的。他的父母跟我谈他们的苦恼，我就对他们说："孩子交朋友是好事，而且好处还是多方面的。"为什么呢？

第一，这反映了孩子心理发育正在走向成熟，心理需要很健康。孩子在幼儿园的时候，对朋友的需要是一般水平的，小朋友们都是朋友，今天跟你玩，明天跟他玩，上午两个小朋友打架打哭了，下午两个人又在一起笑眯眯地玩了。随着年龄的增长，孩子们需要知心朋友，需要交往比较深的朋友，更需要交能够共患难的朋友了。我们这些成年人，当年上小学高年级、上中学、上大学不也是随着年龄的增长，心理上对知心朋友的需要越来越强烈吗？反过来，孩子大了，却一个知心朋友都没有，也不想交朋友，那倒值得担忧，这说明孩子性格孤僻，这样不合群的孩子容易患心理疾病。

第二，随着社会的进步，人与人之间交往越来越频繁，结交朋友的能力显得越来越重要。有的学校甚至把培养学生交朋友的能力确立为一项重要的教育目标。现代社会信息量大，节奏快，工作分工细，选择多元化，尤其需要朋友间的互助合作才能适应。如果在一百年以前，一个人独门独户，独往独来，孤芳自赏，个人奋斗，还可能取得一点儿成就的话，到今天，不要说取得成就，连生存都显得有些困难了。这样看来，孩子交朋友是适应了社会发展的需要。正如歌中所唱的："千里难寻是朋友，朋友多了路好走……"

第三，孩子有了朋友，朋友之间可以互相学习，取长补短。同学之间的相互影响力，有时会大于家长或教师教育的力量，一位十分勤奋的同学常常能带动起十来位原来只有六七分勤奋的同学。一位同学提前自学下学期的课程，常常使他的朋友也开始预习、自学。哪位同学学习上有困难，有解不开的难题，朋友们便会帮助他分析，找到捷径，找到答案。

第四，激励孩子的竞争意识。几位不相上下的朋友，最容易展开你追我赶的竞赛。我教过的十几个毕业班级的优秀学生，总结自己学习成绩优异的原因时，几乎都谈到朋友之间的学习竞赛激发了他们的学习热情。锻炼身体的时候，我们也常看到这样的景象，五六位好朋友一起做引体向上，一个人做了11个，得了100分，那几位便加紧锻炼，争取追上他。我们大人也有这种体会，与朋友之间竞争产生的向上的力量，常常要超过听领导的政治报告。

孩子交朋友的好处还不仅以上四点，仔细想起来，还有许多特殊的好处，如开发潜能、治疗疾病、增长爱心、发展智力，等等。

我奉劝家长不必为孩子不愿跟自己去公园了而有失落感，而应该为孩子长大了、成熟了感到高兴。设身处地地想一想，我们不也是这样成长起来的吗？我们七八岁的时候愿意跟着父母去游乐园，我们十七八岁的时候不是也不愿意跟着父母去游乐园了吗？

同时，我也对两位家长说，孩子交朋友这件事有没有弊端呢？世间万事万物，有一利必有一弊，有一得必有一失，交朋友也不例外。

首先，孩子们还不成熟，朋友之间关系处理得不可能那么恰到好处。两个人好，长时间心心相印，偶然一次误会，或对方的过失，都容易使孩子的心灵受到伤害，感到痛苦。

第二，朋友之间，五六个人，不可能疏密相同，距离相等。有时你远了，他近了，过几天你近了，他又远了。朋友之间也难免有争执，有矛盾，当然也会有痛苦。

第三，最伤脑筋的是交友不当。若交了学习之友、锻炼之友、知心朋友、患难朋友，当然是人生一大幸事。若交了酒肉朋友、懒惰朋友、玩乐朋友、口蜜腹剑的朋友，则是人生的一大悲哀。我见过一些中学生就是因为交上了懒惰朋友、吃喝玩乐朋友，而使自己由尖子学生一步步变成了荒废学业、有书不读的人。因为心理上的病也跟生理上的病一样，有的具有传染性。一个身体健康的孩子总是和几名患肝炎、痢疾、肺结核的人在一起，待上半年，往往也会染上肝炎、痢疾、肺结核。一位勤奋俭朴的学生如果常年跟几个懒惰、讲吃讲穿的学生在一起，也很容易变得懒惰、讲吃讲穿。

因为交朋友有利又有弊，所以古今中外许多哲学家、思想家都劝人们要交朋友，又劝人们要慎交朋友。

劝人善交朋友的哲人说：

"无论什么地方，只要援助之手握着求援之手，那地方便存在一座真正的教堂，这样的教堂才是唯一的圣洁的教堂。"

"在令人厌倦的旅途上，一个性格明快的伙伴胜过一乘轿子。"

劝人慎交朋友的哲人说：

"选择朋友一定要谨慎！地道的自私自利，会戴上友谊的假面具，却又设好陷阱来坑你。"

"切忌与坏人为伍，因为这将受害无穷。比方……你将一滴美酒注入一满杯米醋之中，它会马上变化为米醋。"

"跟小人一起，只能成小事。"

这么一说，两位家长把心放下了大半个，刘志的朋友大多数都积极向上，学习勤奋。可是还有两个朋友懒一点儿。家长又担心会不会把刘志带懒啊，问我是不是要劝孩子逐渐疏远这两位懒朋友。

我觉得孩子如果有五位勤奋的朋友，只有两位懒一点儿的朋友的话，也可以先不疏远懒人，而是给孩子订出目标，六位勤奋的朋友有责任帮助那两个朋友医治懒病，把他们俩也改变成为勤奋的人。这样刘志会变得更有责任感，生活得更加愉快、充实。朋友之间会更知心。

如果这两位朋友在他们之间形成核心，懒的力量超过了勤奋的同学的力量，这样就得劝孩子逐渐疏远懒朋友了。一般来说，这种情况比较少。像刘志这样勤奋的孩子，交的朋友也是勤奋的，即使有点懒病，也不占主导地位。

俗语说："要想了解一个人的品行，只要看一看他周围朋友的品行，就清楚了。"这是很有道理的。

孩子交朋友要注意哪几点呢？上面已经说了。首要的一点便是选择朋友要谨慎，要交好朋友。万一交上了不良的朋友，能帮助则帮助，不能帮助则想方设法逐渐疏远。

其二，交朋友数量要适当。有人说，人生得一知己足矣。只一个知己，那是少了点儿。但交往密切的朋友，一般以四五个为宜；再多，则是一般意义上的朋友。因为倘若密友过多，朋友之间的相互往来就容易由动力变为阻力，由愉快变为烦恼。

其三，就是对朋友要少索取，多付出。越是这样，朋友之间友谊越深，自己的能力越强。朋友之间有了误会，要责己严，责人宽，这样双方才会变得胸怀开阔。还要告诉孩子，不管是谁，有优点必有缺点，不能苛求朋友十全十美。"水至清则无鱼，人至察则无徒。"看到朋友优点的同时，就要想到容忍朋友的某几处缺点，这样友谊才能越来越牢固。

第十章　共同成长

在充满爱的温馨的家庭中，教育与快乐是联系在一起的。父母在教育子女的过程中，不仅尝到了甘苦，而且与孩子一起得到成长。

——斯宾塞

谁能以自己的生命倍增人类的宝贵的精神财富，谁能进行自我教育，那他就能教育好自己的孩子。教育孩子的实质在于教育自己，而自我教育则是父母影响孩子的最有力的方法。

——苏霍姆林斯基

陶继新：家长都希望自己的孩子好好成长，可是，自己如果没有好的发展，对于孩子的成长也是不利的。从另外一个角度说，孩子的成长也成就了家长的第二次成长。所以现在一个新的热门话题就是说家长与孩子的共同成长。我感觉您在这方面做得最好了，您跟您的孩子，真是这些年一直共同成长、共同发展着。我想很多家长、老师都很希望了解这方面的情况，所以还想让您谈谈这个话题。

一、孩子第一次成长促使父母第二次成长

魏书生：刚才说了，人从摇篮到坟墓，一直在学习，你如果是主动地、循序渐进地学习，又学的是有益的东西，你当然就是一直在成长。咱的孩子来到咱们的世上，从第一声啼哭开始，从不懂事开始，给咱带来多少的喜悦。你说他来到世界上，首先给咱带来了快乐，咱们得对这份快乐负责任，得让这份快乐逐渐地可持续发展，咱得为咱们等待了许久、盼望了很久的这个孩子的成长，找一条比较适合他的道路。这样，咱们不就要开始学习育儿这个新课题啦。有的从很早，从孩子没有来到世上就开始读胎教、家教、育儿、音乐等方面的书，那基本都是咱不懂的知识。因为孩子要来或者是已经到来，咱要开始学，咱要开拓这方面的知识。

而孩子呢，来到世界上，慢慢地长大，你看到他开始想事了。几十天他就想事了，瞪着小眼睛关注了，我就拿一个镜片，对着太阳，就往天棚上折射出光圈，他就看，我慢慢晃，他慢慢跟，再晃再跟，带来多少快乐。也是在研究他的注意力啊，他看那光影笑了，很愿意看，目不转睛地看。看久了，你不动他就不愿意看了，你一动他又看了。这样研究他的注意力，看他能持续多少时间。他愿意怎么看，晃的节奏快了他跟不上，他也不愿意看了。什么样的节奏适合他的注意。你说他给咱们带来了多少乐趣，也促使着咱们研究注意力，使咱们对注意力有了认识。这不，咱就成长了吗？

孩子再大点儿，刚一会走路，开始玩捉迷藏。我藏起来，让他找我藏哪里了。他就开始去发现，立柜里找，箱子后面找，门后面找，找着了，他那么快乐。咱研究孩子他的记忆，他的发现能力，他怎么能想到大人会猫在哪儿呢？

再大了，孩子学着看书，纸质的书容易撕，我给他买布制的。布质的他

高兴的时候看，不高兴就撕，撕他也撕不坏，下次他还可以再看。咱就在研究怎么适合他啊。

然后开始买熊猫打鼓的玩具，当时也算挺贵的，孩子玩儿，开头挺高兴，很短的时间就掰坏了，咱也觉得挺高兴，孩子乐过啦。

买表，他看表怎么转，正着转，看得很认真。过阵不高兴摔碎了，咱觉得挺高兴，毕竟他玩儿了一段，快乐了一段。

再大了，教孩子识字、背东西，研究他的记忆，研究他对什么东西比较感兴趣。再大了，带着他到大街上去看，这是什么车，那是什么车。你说孩子在注意着、在记忆着，咱对儿童的观察、记忆、想象、思维，咱们都提高了认识。真是给咱带来了快乐的同时，咱也在成长在发展；既是教着孩子，同时咱又加深着对人的认识，对自己过去童年的回忆，同时也增加着将来咱跟别的孩子家长讲的经验。所以孩子在成长，咱真是也在成长。

再大点儿，玩儿摔跤，小时候他没有本事啊，我一只手就能摔过他。再大点儿，我用一只手一条腿。他常常不服："爸，我再来。"常常摁倒了："服不服。""还不服。"连续多少分钟，还不服。再停下来，再来一遍。这样呢锻炼他的力气，也锻炼咱的力气。一天天地再大了，我就该使用两只手两条腿跟他摔了。

他在成长，我也真是在锻炼着自己、在愉悦着自己的身心，又同时研究这个阶段的儿童他喜欢怎么运动、怎样学习。

再大些，就跟着我一块儿跑步。大冬天，大年初四那天下好大的雪啊，我都想不跑了，儿子不答应。那时候他也在清华读研了，寒假回家。天天喊我："爸，跑步去。"这天又喊我，我说："这么大的雪我可不去了。""那你不去我自己去了。"我说："儿子，不能让你自己去啊，爸陪你跑去吧。"于是我们父子两人，冒着纷纷扬扬的漫天的雪花，一步一个脚印地跑着，感受雪中空气的含量，感受雪花落在脸上的那个滋味，感受这么厚的积雪踏进去拔出来，超越自我的自豪和幸福。这既是跟孩子跑步，不又是在更深层次体验着人生的幸福和快乐吗？

现在参加工作了，在研究所搞的是核科研、核电。他觉得核这个东西是很寂寞的，有时候难免有点没成就感。我说："儿子，你怎么还没有成就感呢？"他的妈妈想让他当官、当什么的。

我说："儿子，不是所有人都当官的。你说你考高中，考大学，考研究生，参加工作，在高科技单位。你家里没有帮你一丝一毫的忙，你全是凭自己的能力上来的，怎么还没有成就感？下狠心照着科研这个道，耐得住朝前走。又认识了一些科研上的工作人员有相同的那种心态，咱觉得咱还能帮上他的忙，就更有成就感啦。"

他呢，觉得我说的是对啊，我什么都没有靠家。而大部分科研人员，不都是这样寂寞吗，搞原子弹的，搞航天的，实际上中科院各研究所的科学家，不都是扎扎实实一辈子干，耐得住寂寞地进行科学研究。袁隆平那么伟大，那不就是在稻田埂上走来走去，一点点研究稻子的分蘖啊。钱学森不也是研究最小最小的高科技的一个小问题，往深处去研究吗。都是这样的。谈谈心，说说话，孩子就释然啦。

所以，孩子在成长着，咱也在成长着，在不断地认识着人生。所以一个孩子来到世界上，真是不光给家长带来了、增长了一个辈分的幸福，更带来了许许多多成长的快乐。所以家长们当人父母就感受那种当父当母的快乐。千万别有时候有点麻烦了、有点矛盾了就扩大烦恼的一面。一定要想到，那些小麻烦、小矛盾、小问题，都是给咱增长智慧、提高认识问题能力的机遇。这么想，于是你就快乐了，你就化麻烦、烦恼为自己成长的机遇和阶梯。于是你觉得这个孩子越来越可爱，孩子也觉得咱家长是通情达理的，于是携手一块儿高高兴兴地朝前走。在人生的哪个阶段上都尽到咱的责任，对家庭，对自己，对集体，对这个社会，也是问心无愧地活完这段人生。

陶继新：您说得很好！孩子的成长是多维度的，而家长的成长也应是全方位的。

家长是孩子最好的榜样，是孩子生命成长的第一任教师。古人云："近墨者黑，近朱者赤。"孩子未来的走向是黑是赤，最为直接的影响者便是父母。

父母自身"学不可以已"的精神,通过或显或隐的形式在家庭中外化出来,也将悄无声息地内化于孩子的心里。于是,就有了孩子对家人与更多人的真爱,以及在学业上锲而不舍的追求。父母在克服一个又一个困难之后走向成功的身影,几乎每天在孩子眼前晃动,而孩子也将克服困难视作自然,且在破解困难中享受成功的喜悦。正是父母的崇高形象叠印于孩子的心中,才有了他们对于崇高的向往与追求,以及走向崇高的一个又一个的行动。就这一点来说,父母自己的成长对于孩子起了一个身先示范的作用,其影响是巨大的。

一个孩子来到世上之后,虽然会给家庭带来一些负担,但更多的是他所带来的无限的喜乐。其实每个孩子身上都有太多值得家长学习的地方,看到纯洁可爱的孩子让我们得以回头审视一下自己的成长;培育孩子长大的过程中,我们不仅丰富了知识也富足了精神。教育和养育看似一个付出的过程,实则是一种巨大的收获。在孩子的成长过程中,我们收获了孩子的健康,这包括身体上和心理上的健康,也就是,如果付出得当,我们收获的是一个接近完美的另一个人的人生。与此同时,我们的人生在这样的时刻得到升华,我们收获了自己的未来。可以说,陪伴孩子成长的过程中,我们也在不断修订着自己的生活轨迹,让它更加地趋于完美;最终我们收获的是一个和谐的家庭。这样美好的收获过程,哪位家长舍得放弃!

和谐的家庭环境,可以为家长与孩子共同成长提供一种优质的思想情感载体。如果说孩子每一步成长都烙印着父母心血的话,那么,父母也在孩子的成长中发展了自身。孩子的文化成长,需要父母的指点;而孩子的智慧形成,又促进了父母对文化的自觉追求。家庭成员间对于知识与智慧的叩问与探索,既有"当仁不让于师"的自由争辩,也有"教学相长"的精神感悟。于是,思维的火花在碰撞中闪放出璀璨的光华,也许这不只是思想的活跃与智慧的提升,还有流动于父母与孩子之间的那种水乳交融的爱。人格教育经常是在"润物细无声"中进行的,父母对孩子导之以善的显、隐两道的引领,无异于"跬步"以积的道德储蓄。在必要的时候,孩子就会取之有用,自然地做出一些品格高尚的事情。结果，真、善、美就成了母亲与孩子共同的人生追求，而且在这种追求中一步步地升华起来。

讲讲曦曦的例子吧。

妈妈与曦曦有着非常诚挚的母女之情，这也使她们彼此的关照和谐融洽。曦曦有时做得不好的时候，妈妈便及时地给她指出来，这时曦曦总是高兴地说："妈妈，我马上改。"有时曦曦也给妈妈提些意见，妈妈也满口答应，立即改正。母女两人在共同前进的路上，形成了一种民主的朋友的关系。

曦曦妈妈认为有的家长生怕孩子玩的时间少了，陪着他们遛公园、逛商场，极尽其乐，但是，却鲜有思考如何与孩子同步健康成长。这不能不是目前家庭教育的一个悲剧。曦曦认为，妈妈抽出时间，与自己谈谈心，交流交流思想，让她对妈妈倾诉自己的欢乐与苦恼，并得到妈妈的理解与支持，这比遛公园逛市场价值大得多。同时，曦曦也有了聆听妈妈心事的机会，从中深深体验到母女之间的深厚亲情与密切关系。感到只有女儿才有这份权利去知道妈妈隐藏的秘密。这种倾诉心声的情感交流，紧紧扣住曦曦的心弦，精神上也与妈妈紧紧地联系在一起，而且倍加珍惜这份浓郁美好的母女之情。于是，这种归属感增加了曦曦对家庭生活的重视与珍爱。母女两人都对读书有着特殊的嗜好，妈妈读到一本好书，总是推荐给曦曦，于是曦曦便如饥似渴地读起来。而曦曦读过的书，如果特别喜欢，又适合妈妈阅读，也建议妈妈去读。然后一块儿谈论读书的体会，交流彼此的看法。

曦曦对妈妈说，冰心老人说生命从 80 岁开始；妈妈刚刚 40 岁，我说妈妈的生命从 40 岁开始，还可以学好多好多的东西。妈妈听后非常高兴，连声称是。于是曦曦给妈妈拟订了一个学习计划：每天半小时弹古琴，半小时学英语，半小时练书画。她还鼓励妈妈说，你现在练习画画，画白菜、画萝卜，坚持 10 年，说不定可以出个大画家，到那时可以同我一道去办画展。妈妈非常高兴，要与孩子同步健康成长，就要扎扎实实地按女儿的要求去做。

对妈妈的学习，曦曦要求格外严格。见妈妈练书法，认为好的，画一个圈，以示鼓励。她说，做好做不好是一回事，态度端正不端正是另一回事。

曦曦感到妈妈与自己有了共同的爱好,在共同前进,不仅发自内心地感到高兴,而且也越来越努力了。有时妈妈感到力不从心,恳请女儿高抬贵手。比如妈妈以前学过日语,英语发音总带日语味,而且记不准单词。一天,妈妈说,我差不多就行了。曦曦立刻严肃起来,斩钉截铁地说:"不行!我来教你。"妈妈不由得哈哈大笑起来,只好跟着她学音标,背单词,读课文,令曦曦欣慰不已。现在,妈妈各方面都已日有长进,曦曦满意地说:"您是盼女成凤,我是盼妈成凤啊!愿咱俩一块儿成凤吧!"妈妈与曦曦在共同的健康成长中,感情更加深厚,取得的成绩也越来越大。

与孩子同步健康成长是对传统的家庭教育观念的一个冲击,它对家长提出了更高的要求,对孩子的成才要求赋予了新的内涵。期望每一位家长在思考这一问题的时候,有一个实实在在的行动。

人们大都认为,在家庭中,家长是天经地义的教育者,孩子是理所当然的受教育者。家长有望子成龙、望女成凤的强烈愿望,有权对孩子提出各种要求。但曦曦的妈妈认为,孩子同样是教育者,家长也有受教育的义务,女儿不仅可以向妈妈提出合理的要求,也有盼妈成凤的迫切心情。家长与孩子之间,应当平等和谐,形成一种互相关心、互相促进的朋友关系,家长应与孩子同步健康成长。家长品格高尚,可以给孩子以正确的教育与良好的影响;而孩子的每一个进步,又都给家长送去惊喜与安慰。曦曦的妈妈有着高尚的思想品质,而且有意将这一品质渗透于女儿的言行举止之中。久长的努力,妈妈的愿望已成现实。而曦曦许许多多美好的品质,也一次又一次地给妈妈以鼓舞。这种交互影响与彼此促进,使她们都在向着真善行进中感到莫大的幸福与欣慰。特别是她们的慈善事业,在和谐努力中结出了美丽的果实。有时妈妈提出一个计划,曦曦在全力支持之时又不断使其完善;而曦曦提出一个设想时,妈妈也在含首微笑中使之更臻完美。在活动中,母女两人共同努力,共同感受助人所带来的欢乐。高尚的品质将她们紧密地联系在一起,共同的追求使其更加相亲相爱。

母女行进的道路上有鲜花,也有荆棘,但顽强的精神、健康的心态,使她们笑迎艰险，遇难呈祥。妈妈认为，女儿虽小，但却应当共同与妈妈承担起克服困难的义务与责任。那种担心孩子尚小而独自承担艰难的家长，看似爱护孩子，实则缺少培养孩子成才的战略眼光。其实，让孩子为家长分忧解难，可以使孩子感到家长对自己的特殊信赖与深爱，并且进而转化为与家长休戚与共的责任与行动，肩起与家长共同抗争命运的重荷，驶向艰难过后的胜利彼岸。这是妈妈与曦曦共同健康成长的重要一课。

魏书生：为人父母，其实是在经历一段新的生命历程，而不只是看着、陪伴着我们的孩子日渐成长，包括我们自己，都会在这个过程中获得全新的生命感悟。

二、心灵共同成长是父母子女的重要课题

陶继新：孩子在促进父母成长，家长也在引领孩子成长，在这样的良性发展过程中，首先需要给予更多关注的问题是——心灵的共同成长。好多家长关注给孩子吃的东西、用的东西，或者也很关注孩子的学习。但是，当父母和孩子没有心灵沟通的时候，没有这种内在交流的时候，就无法形成一种默契相融的亲子关系，就很难共同成长了。孩子有化解不了的困难、烦恼，家长要及时给他化解。相对的，家长有了任何难题、有解决不了的麻烦时，也要积极让孩子参与到解决的行列中，孩子有的时候以他们独特的思维视角，或许会为我们解决问题的瓶颈突围出一个合适的缺口。

我有一个朋友，他送他的儿子上学的时候，要骑自行车50多分钟。他有车不开车，为什么？他说："我跟儿子一块儿骑自行车。我送他这50多分钟，除了锻炼了我的身体之外，我还可以跟孩子谈心。儿子喜欢骑自行车，让他一个人骑自行车去上学，这一路上他多寂寞啊。我们两个人一起骑，我就跟他谈心，谈学习、谈心理、谈人生规划、谈社会问题。"这样呢，家长和孩子

之间的这种交流多了，感情也建立了，心灵互通了，关系默契了。在我参与你的生活、你参与我的生活中，父母和孩子都成长了。

魏老师，我平时看的好多书是我两个女儿给我推荐的，因为我这个年龄加之我所从事的行业，使得我对书籍的选择有了自己的习惯，有很多类别的书根本没有接触的机会。但是，孩子们毕竟年轻，她们有自己的思想与审美评判，有她们各自不同的朋友圈，她们读的书风格内容没有一定之规，很多时候自己读得好了就会推荐给我。我看过之后，常感获益颇多。像一些健康类、心理类的书籍，都是得益于她们的推荐。我对身体和心灵的强大的潜力和自愈力的理解，好多是从她们推荐的书上学来的。

魏书生：对啊，心灵的力量是非常巨大的。

陶继新：是啊，我以前可能从来没有看过此类书籍，包括以后如果她们不推荐，我可能也不会看这个书。这是她们带给我的成长。当然，我们做家长的总会把我们认为很好的一些推荐给孩子们，以帮助其成长。比如说我背经典，我很受益，因为经典不但有智慧，也有心灵的能量。所以，我也希望她们背。我肯定背得慢，她们年轻背得快些。但是开始，她们也有畏难情绪，背不下去。我就采取一个办法，设立家庭奖学金。我对两个女儿说："你们背经典，我发放家庭奖学金。"我给她们是这样规定的：谁背会《论语》，我奖一万元。《论语》共二十篇，分解到每一篇是 500 元，背会一篇我奖 500 元；老子的《道德经》是 4500 元，八十一章，每九章一组，500 元；《周易》则是这样的，说卦 2000 元，序卦 2000 元，系辞上 2000 元，系辞下 2000 元，杂卦 1000 元，从乾卦到未济卦六十四卦再分组……现在两个人已经背了很多，也拿了不少"奖学金"了。

除了我的一些要求，孩子们也开始自己寻找经典背诵。像《心经》就是她们主动背的，而且背的过程中，她们对自己提出了速度上的要求。因为文字较短，所以她们要求自己 30 秒之内背完。女儿说，感觉这速度接近了小孩子的背诵感觉，背的时候完全不用考虑下面的内容，张口即来，这样同时开发了右脑。这样一来，原本是督促学习，最终孩子们在学习中体会到了知识的美丽与成长的快感后,就主动要求学习,并且开始传播这种学习了。现在她们也开始要求自己的孩子背诵经典,刚才我们就谈过。而且反过来,小孩子们的学习,也在反过来促进着他们家长的学习。为什么这么说?比如说要想小孩子背诵,家长就得领着他背,先多遍读给他听,再领着他读,不断读的同时,自己便不自觉地记下了。甚至他们还要考妈妈,我外孙女考我大女儿的时候,我在旁边看着,我大女儿被孩子考得很狼狈。怎么回事呢?外孙女说:"妈妈,你把《周易》乾卦给我背一遍,我来检查。"她自己已经背过了。小大人似的,手里拿着书。她妈妈背的时候,断断续续,嘴巴要跟着脑子动,速度就慢些,完了还总被小孩子打断,"这个地方错了","那个地方你要重来"。

这些对心灵净化的书读多了,背诵了,就会走进较高的人生境界。不但孩子心灵好了,家长的心灵也宁静了。

所以,孩子成长的时候,家长不能不成长。有好多家长说了:"你看我的孩子也不愿意学习。"但是,他没有考虑他自己都不愿意学习,一天到晚看电视、打麻将。你想孩子看着你不学习,挺舒服、挺逍遥的,他能好好学习,可能吗?我大女儿在她孩子刚上学那年,搬进了新房子。这房子的装修是我女儿做的,她说装修两个原则:第一个是一定有一个大书柜,整面墙,直达房顶;第二个就是不买电视。所以她女儿到现在,都没有爱看电视的习惯。平时要是到我家里来,电视就在客厅里放着,她基本想不起来去自己打开看。我二女儿家倒是有电视,但是把有线停掉了,什么台也没有,就是个摆设。使用电脑的时间也很有限,只有必要的查询才能使用。一般工作都是在孩子放学前尽可能地完成,即使没有完成,孩子回来也不去碰电脑。久而久之,孩子就习惯了没有电脑电视的生活,少了被动信息的毒害外,还保护了视力,一举两得。

魏书生:在看电视的时候,孩子们眼中看到的是画面,脑海里浮现的也是画面;在看书的时候,孩子们看到的是文字,脑海里浮现的却是画面。把文字变成画面的过程,需要孩子们动用想象力。所以,电视看多了会折断孩子想象的翅膀。所以,要特别提醒家长注意电子媒介对阅读的"侵犯","要让孩子多读一些书,少看一会儿电视。就是要减少与那些不良的、毒害的、使人容易以逸'代'劳的东西的接触,少去刺激那个脑神经"。

三、孩子是为成就父母的生命成长而来的

陶继新:我大女儿搞了这几年的家庭教育研究,她有一个非常鲜明的观点,也是她其中一个讲座的题目,叫做《孩子是为成就父母而来的》,什么意思?这个"成就"不是实现父母未来的梦想,而是说因为有了孩子,使父母有了一个重新成长的机会。她认为,孩子成长中的问题带给父母的痛苦其实是为家长的成长做提醒的,孩子的成长过程应该是父母的自我完善过程。当从这个角度来看待孩子的时候,父母就会带着一种敬畏、一种感谢的心态。而从这个角度来看待孩子的问题的时候,就少了焦虑,多了思考;少了抗拒,多了接纳;少了不满,多了理解。孩子成长的课题对于父母心态的修炼、爱心的凝聚、情智的激发都是非常有益的。

相对来说,魏老师,您和我,我们这一代人,与新中国同龄或近龄,基本上都延续了很多优秀的传统,比如吃苦耐劳、持续学习、抗挫能力强、抗干扰能力强等。而我们的子女这一代,出生、成长在物质相对丰富、信息量扑面而来、诱惑无处不在的这样的一个时代里,会不自觉地带上些这个时代的特点。就像大家常听说的"70 后"、"80 后"。我大女儿就曾经说过,在她大学毕业进入工作岗位,工作了三四年后就产生了极强的职业倦怠感。为什么呢?她的工作其实很轻松,但那时她的心理状态很不好,导致她经常感觉身心疲惫。她对我说,她就觉得自己很空,好像原来学的那些东西全被用光了。可是,怎么填上这个空,她又不知道。这导致她常常感觉很浮躁,几年时间连一本像样的书都没看过。同时,她还说,她们周围很多同年龄段的人,

都有这种困惑和焦虑。不能不说，这是这个时代的一个共同特点。在这样的情况下，如果这些孩子们又成了家，生了子女，他们怎么可能以一种良好的心态、饱满的热情去教育好孩子啊。所以，我们常能看见，在公众场合，一些年轻父母跟孩子展开亲子大战的现象，要不就是把孩子推给老一辈自己去过二人世界。这批孩子成长期缺乏经典的滋养，学习的目的普遍就是考个好大学、找个好工作、端个铁饭碗。所以，一旦踏出校门，找到了工作，就似乎提前进入退休状态。再加上经济发展快、物欲刺激大，常常迷失自己。他们给人的感觉就像成人的身体里活着一个小孩子一样，在思想上、精神上很贫乏。这样的人当了父母，他们的孩子又如何成长呢？

当我的大女儿自己当了母亲，并慢慢意识到这些问题的时候，便毅然决然地停掉了她的公司，投入对孩子的教育中。同时，经过大量的学习，她首先感觉到的就是，很多的小孩子身上的问题，不论是学习上的，还是心理上的，其实都是来自家长自身的不健全、不成长。孩子的错追根究底都是父母的错。她首先对自己进行了全面"会诊"，找出自己的问题和成长点，并开始不断进行自我修正提升。同时她也在不断深入广泛研究家教理论和方法。于是促成了她的这个讲座题目的诞生。她希望把这一理念分享给更多的家长，使家长们觉醒到，自身的成长有时甚至要重要于孩子的成长。现在看来，她的这一认识是很对的，目前社会上也已经普遍接受了这一认识。很多学校在大力地抓家长教育，成立家长委员会，给家长开讲座等，就是因为学校已经深切地感受到了孩子的问题其实就是家长的问题，想让孩子成长必须先让家长成长。仅靠学校一方来完成孩子的教育显得势单力薄，而家长如果热情正确地参与到孩子的教育中，效果将是事半功倍。社会范围内很多家教专家都不约而同地谈到这一观点。

我大女儿常被学校或一些机构请去，给家长们做讲座。刚开始的两年，我听过她讲，觉得还可以，有一定的思想。这一年再听她讲，已是远远超越以前了。从中可以看出她的确在实践着自己的理论，进行着自我的成长。我想，她的成长一方面得益于她在家庭实践教育方面有了更丰富的经验；另一方面和她背诵了、阅读了很多优秀的、经典的书籍有关。二女儿也在大女儿的影响下，开始努力于自我完善。

两个女儿的成长常让我感到很欣慰、很自豪，我很以她们为荣，也期待她们在陪伴自己孩子成长的过程中，自身也不断地提高，成长。所以我想她们都不断地发展的时候，我们这个家庭就成为了一个学习型家庭、幸福型家庭，每个人的内心因为成长的浸润而幸福快乐。

当一个家庭当中，每个人都愿意往前行走、不断发展的时候，你家庭的幸福和谐也就有了。因为家庭中任何人在原地行走、原地徘徊的时候，如果看到的都是其他人的向前迈进的脚步，是他人日新月异的提升，你说他的脚还站得住吗？所以说积极的态度是会传染的。

当人在不断地发展的时候，就算年龄再大，仍然有无限的发展空间。做父母的尤其要有这个觉知，就算为了孩子的成长，也要使自己不断地学习，不断地成长。这种学习和成长可以是知识层面的，也可以是心理层面的，更可以是精神层面的。我相信，当父母在持续地发展时，会不断收获未曾想过的自我突破，并在这种成长的态势中永葆生命的活力。这样的父母，就算有一天，孩子们长大成人、展翅飞走了，也不会像很多未有过自我成长的父母一样感受到生命的无价值和无方向，相反可以循着自己继往的成长，继续前行，书写自己生命精彩的篇章。

所以，家长与孩子共同成长，是给我们所有家长提出的一个命题，所有家长都应该跟孩子共同成长。

魏书生：其实，成就了孩子，也成就了家长；孩子成长了，家长也成长了。

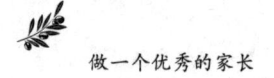

结　语

　　整整一天，我们就"做一个优秀的家长"这个话题进行了对话。在这个方面，我们都有一些经验，也有一些思考与研究，所以，在对话的时候，总能达到一种心灵的默契。尽管多系即兴而谈，可是，由于常常从对方那里汲取启示，所以，谈出了不少始料不及且有一定价值的话语。

　　我们在这次对话文字整理的基础上，又增添了一些与之相关的内容，且形成了这本书稿。希望它能给家长们一点儿启示，也诚望得到家长们的批评指正。